CLASSIQUES
& CIE
LYCÉE

Collection dirigée par
Johan Faerber

Jean Cayrol

Nuit et Brouillard

(1956)

Texte intégral
suivi d'un dossier HLP T[le]
et d'un cahier Lecture cursive Français 1re

Édition annotée et commentée par

Chloé Brendlé
Agrégée de lettres modernes
Docteure en littérature française contemporaine

Florence Holstein
Agrégée d'histoire-géographie

avec un parcours **« Écrire et représenter la violence des camps »**

Hatier

sommaire

L'AVANT-TEXTE

POUR SITUER L'ŒUVRE DANS SON CONTEXTE

LE TEXTE

Nuit et Brouillard

Points d'étape

Bilan de lecture

 - ISBN 978-2-401-10544-7

POUR METTRE L'ŒUVRE EN PERSPECTIVE

Écrire et représenter la violence des camps

I. De quoi témoigner ?

II. Pourquoi et comment témoigner ?

III. Où trouver l'origine de la violence ?

LE DOSSIER

POUR APPROFONDIR SA LECTURE ET S'ENTRAÎNER POUR LE BAC

Fiches de lecture

Sujets de bac HLP Tle

Cahier Lecture cursive Français 1re

LES OUTILS

Lexique

Bibliographie

Les minutages faisant référence au film se basent sur la version proposée sur le site ARTE VOD.

De quoi s'agit-il ?

Nuit et Brouillard désigne à la fois le film d'Alain Resnais et le texte littéraire de Jean Cayrol, qui sert de commentaire au film (lu en voix-off) et qui est reproduit dans ce livre. C'est une œuvre au statut complexe et à l'histoire mouvementée.

Un « documentaire »

- *Nuit et Brouillard* naît d'une **commande** émise en 1955 par le Comité d'histoire de la Seconde Guerre mondiale (organisme de recherche créé par le gouvernement) et par le Réseau du souvenir (association d'anciens déportés et de résistants) à une société de production cinématographique.
- Sous le titre *Résistance et Déportation*, le projet est celui d'un **film documentaire historique** s'appuyant sur des images d'archives afin de témoigner du **système concentrationnaire**, dix ans après la Libération. Il s'agit aussi de toucher un jeune public par le biais du cinéma, considéré alors comme l'art populaire par excellence.

Une œuvre d'art singulière

- Le cinéaste **Alain Resnais** décline une première fois la proposition de réaliser ce film car il n'a pas vécu la déportation. Il n'accepte qu'à condition que l'**ancien déporté et écrivain Jean Cayrol** participe à l'écriture du commentaire.
- Le cinéaste apporte son regard singulier sur le projet initial. En plus des images d'archives prévues, il décide d'intégrer dans le film des **plans tournés au présent et en couleur** dans les camps de Pologne (Auschwitz-Birkenau et Majdanek).
- Initialement centré sur la figure du déporté résistant, le film met finalement l'accent sur l'horreur des camps de concentration et des centres de mise à mort.
- Alain Resnais et Jean Cayrol refusent de faire un film « monument aux morts ». S'ils souhaitent faire œuvre de mémoire, ils désirent aussi et surtout « **alerter** » les spectateurs sur la persistance de la violence – on est alors au début de la guerre d'Algérie.

1956

Nuit et Brouillard crée la polémique au festival de Cannes

Un film sujet à controverse

• La sortie de *Nuit et Brouillard* en 1956 est auréolée de **scandale**. Une scène est censurée (→ p. 15) par la Commission de contrôle, chargée à l'époque d'examiner les films et d'autoriser leur diffusion. En outre, pour ne pas entraver la réconciliation franco-allemande, le film est retiré de la compétition officielle du festival de Cannes. Il sera projeté **hors compétition** en avril 1956.

• Les réactions sont vives. Différentes pétitions et tribunes, émanant du milieu du cinéma comme des associations d'anciens déportés, s'élèvent contre la décision très politique du retrait. La polémique contribue au **succès durable** du film, en France et dans le monde entier.

Un film événement

• Dès sa sortie en salles en mai 1956, le film de 32 minutes **marque les esprits** des spectateurs. D'une part, les images, alternant entre présent et passé, font resurgir l'horreur d'une période alors récente. D'autre part, le commentaire de Jean Cayrol, dépourvu de ton pathétique, discrètement lyrique, a une grande puissance de suggestion. C'est donc à la fois comme film et comme **texte littéraire** que l'on peut analyser *Nuit et Brouillard*.

• Le film fait date : longtemps diffusé dans les établissements scolaires comme témoignage de l'horreur nazie, il a marqué un **tournant dans la mémoire collective** de la société française.

Nuit et Brouillard est une œuvre collective. Elle reste cependant principalement associée à deux noms : Alain Resnais et Jean Cayrol.

Une équipe

• À la différence de l'œuvre littéraire, l'œuvre cinématographique est le résultat d'un travail d'équipe, de la conception à la diffusion du film (voir le générique). Pour *Nuit et Brouillard*, les historiens Henri Michel et Olga Wormser ont ainsi aidé en amont Alain Resnais à collecter des archives (→ p. 15), à rédiger le synopsis et le scénario.

• Après le tournage en Pologne à l'automne 1955, tous les trois ont choisi puis monté les images. Ensuite Jean Cayrol a écrit le commentaire, aidé du réalisateur Chris Marker. Enfin, l'acteur Michel Bouquet a prêté sa voix, et le musicien autrichien Hanns Eisler (sympathisant communiste, de famille juive, exilé pendant quinze ans) a composé la musique à la fin de l'année 1955.

Le cinéaste Alain Resnais (1922-2014)

• Quand il est contacté par le producteur d'Argos Films pour réaliser *Nuit et Brouillard*, Alain Resnais est un **cinéaste prometteur et engagé** de 33 ans. Son précédent film, *Les Statues meurent aussi* (1953), a été interdit par la censure en raison de son anticolonialisme. Plus tard, en 1963, *Muriel ou le temps d'un retour* fera polémique en mettant en scène un jeune soldat français traumatisé par la guerre d'Algérie.

• Après sa collaboration avec Jean Cayrol, Resnais travaille avec l'écrivaine Marguerite Duras sur un nouveau film autour de la mémoire et des traumatismes de la Seconde Guerre mondiale, *Hiroshima mon amour* (1959).

• À partir de la fin des années 1950, il devient l'un des représentants du courant cinématographique de la Nouvelle Vague, caractérisé par un esprit de liberté à la fois artistique et politique.

1910-2005 Jean Cayrol, écrivain « lazaréen »

L'honneur d'un poète

- Originaire de Bordeaux, Jean Cayrol débute une carrière de **poète** avant de s'engager dans la Résistance au sein d'un **réseau de renseignement** sur les équipements maritimes allemands.
- Dénoncé, il est **déporté** en 1942 à Mauthausen comme NN (*Nacht und Nebel* en allemand, « nuit et brouillard » en français). En détention, il continue d'écrire des poèmes, clandestinement et avec l'aide d'autres déportés.

Un survivant hanté par les camps

- De retour de déportation, il n'a jamais fait le récit direct de son expérience. Cependant son œuvre est imprégnée par ce qu'il a vécu, comme en témoigne son recueil poétique intitulé *Poèmes de la nuit et du brouillard* (1946). Ses romans, par exemple *Je vivrai l'amour des autres* (1947), montrent la difficulté à réintégrer le monde des vivants pour un rescapé. Alain Resnais a choisi Jean Cayrol comme garant d'**authenticité** pour écrire le commentaire de son film.
- L'écrivain devient par la suite **éditeur** aux Éditions du Seuil. Il publie plusieurs articles et essais dans lesquels il contribue à donner le nom d'« art lazaréen » (de Lazare, le personnage biblique revenu d'entre les morts) à la littérature des camps.

Jean Cayrol : Lazare parmi nous
Pour en savoir plus sur l'univers de Jean Cayrol, un numero de l'émission « Un siècle d'écrivains » diffusé en 2000 sur France 3.

Quels sont les faits évoqués ?

Dédié à l'univers concentrationnaire, *Nuit et Brouillard* n'évoque pas directement le sort des Juifs. Pourtant, les étapes du génocide sont bien présentes dans le film.

La déportation et l'univers concentrationnaire

Le nazisme et la Seconde Guerre mondiale

• En Allemagne, Adolf Hitler, chancelier depuis le 30 janvier 1933, mène une **politique raciste et antisémite.** Les populations considérées comme inférieures et dangereuses par le régime nazi sont isolées par des lois discriminatoires.

• D'abord incités à l'exil, les Juifs, les Tsiganes, les homosexuels et les malades mentaux sont internés dans des **camps de concentration** aux côtés des opposants politiques. En 1939, le Reich compte déjà six camps comme Dachau.

• Hitler souhaite édifier une « Grande Allemagne » et conquérir un « espace vital » à l'Est. À cette fin, l'Allemagne envahit la Pologne en septembre 1939.

L'Europe occupée et la déportation des résistants

• Les États vaincus par l'Allemagne sont occupés et dirigés par des gouvernements qui collaborent. À partir de décembre 1941, la **procédure *Nacht und Nebel*** (Nuit et brouillard) permet la déportation, en train, des résistants ou opposants aux nazis vers les camps de concentration situés en Allemagne comme Buchenwald.

• À partir de 1942, le système concentrationnaire est réorganisé pour répondre aux impératifs économiques et militaires : les déportés, plus nombreux et d'origines diverses (prisonniers, Juifs, Tsiganes), sont soumis au travail forcé.

• Dans les camps, les déportés vivent dans la peur des **violences** des SS et des kapos. La **mortalité** par le travail, l'épuisement, la faim, les maladies, les exécutions sommaires, les expériences médicales et les chambres à gaz est très élevée.

Les dates clés

30 janvier 1933	1er septembre 1939	Juin 1941
Hitler chancelier	Invasion de la Pologne	Opération *Barbarossa*

Le processus génocidaire

La destruction des Juifs d'Europe

• À partir de juin 1941, lors de l'invasion de l'URSS, des **unités mobiles spéciales**, les *Einsatzgruppen*, sont chargées d'éliminer systématiquement les communistes, les Juifs et les Tsiganes au fur et à mesure de l'avancée de la Wehrmacht.

• Des **centres de mise à mort** ouvrent près des villes où des **ghettos** existaient depuis 1939 : Chelmno, Belzec, Treblinka et Sobibor. Les victimes périssent dans des camions ou des chambres à gaz, leurs corps sont brûlés sur des bûchers ou dans des fours crématoires. L'**Action *Reinhard*** tue 1,7 million de Juifs polonais.

• La **conférence de Wannsee** en janvier 1942 organise l'assassinat des Juifs de toute l'Europe occupée. Raflées, les victimes sont regroupées dans des camps de transit ou d'internement, comme Drancy, avant d'être déportées vers la Pologne dans des wagons à bestiaux. Nombreux sont ceux qui périssent au cours du voyage.

La particularité du camp d'Auschwitz-Birkenau

• À partir de l'été 1942, Auschwitz en Pologne, seul complexe, avec Majdanek, associant **un centre de mise à mort et un camp de concentration**, s'impose comme le centre du génocide des populations juives d'Europe.

• Sélectionnés à leur arrivée, les déportés jugés inaptes au travail sont immédiatement assassinés dans des **chambres à gaz**. Les « aptes » entrent dans le camp où ils meurent de dénutrition, d'épuisement, du typhus ou exécutés.

Le complexe d'Auschwitz-Birkenau

Il était surtout destiné aux déportés raciaux venus de toute l'Europe occupée. Il comprenait aussi quatre chambres à gaz fonctionnant au Zyklon B. Plus d'un million de Juifs, des dizaines de milliers de Tsiganes et de prisonniers de guerre soviétiques y ont été gazés.

Octobre 1941-été 1943	**20 janvier 1942**	**27 janvier 1945**
Action *Reinhard*	Conférence de Wannsee	Libération d'Auschwitz

Quels sont les lieux évoqués ?

La géographie des camps et la nature des déportés évoluent en fonction des nécessités de la guerre.

Les camps de concentration

- Les premiers camps de concentration, localisés en Allemagne, doivent instaurer la **terreur**: Dachau et Oranienburg dès 1933, Mauthausen et Neuengamme en 1938, ont pour fonction d'interner des **opposants politiques**. Ravensbrück est dédié à la détention des femmes et de leurs enfants à partir de 1939.
- Le profil des détenus se diversifie dès 1936: **homosexuels, Tsiganes**, « criminels » ou « asociaux ». Après la « Nuit de cristal » (1938), les Juifs sont plus nombreux. Bergen-Belsen, à partir de 1940, est réservé aux **prisonniers de guerre**.
- Après 1940, ces camps accueillent de plus en plus de **résistants** et d'autres camps sont érigés dans l'Europe occupée (le Struthof en Alsace). Les camps principaux se dotent de camps annexes ou s'agrandissent. À Auschwitz, un nouveau camp, Birkenau, ouvre en 1941 et voit affluer des **Juifs de toute l'Europe**. Les camps situés en Allemagne, tel Bergen-Belsen, accueillent en 1944 une main-d'œuvre plus nombreuse et, début 1945, les rescapés des camps de l'Est.

Camps de concentration et centres de mise à mort

Les centres de mise à mort, situés en Pologne, ne comportaient pas de véritables camps comme ceux décrits dans *Nuit et Brouillard*. Birkenau et Majdanek sont deux exceptions: à la fois camps de concentration et centres de mise à mort, ils faussent la perception de l'univers concentrationnaire.

Les camps d'internement et de transit en France

- Utilisés en 1938 pour interner les « étrangers indésirables », puis des prisonniers allemands, les camps d'internement sont placés après l'armistice de juin 1940 sous l'autorité de l'État français sous contrôle allemand. Des camps, dont Pithiviers, accueillent des **opposants**, des **Juifs** et des **Tsiganes**.
- À partir de 1942-1943, certains camps comme Compiègne mais surtout Drancy, une cité en construction, deviennent des **camps de transit**. Ils sont chargés de regrouper les Juifs raflés afin de les déporter vers l'Allemagne ou la Pologne.

Déportation et génocide pendant la Seconde Guerre mondiale

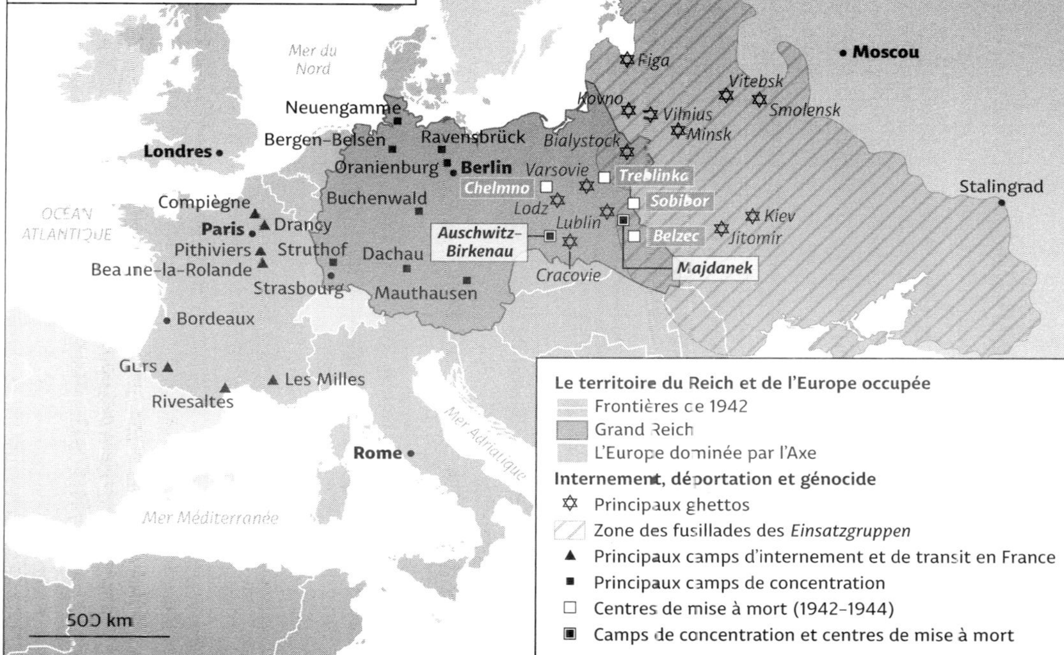

Quel est le contexte de réalisation du film ?

Réalisé 10 ans après la guerre, *Nuit et Brouillard* est marqué par les souvenirs des déportés politiques et leur expérience de l'univers concentrationnaire.

La figure du héros résistant

Le retour des survivants et le mythe résistancialiste

• En 1945, les survivants qui rentrent en France sont surtout des **résistants** (40 000, soit un peu plus de la moitié des déportés politiques). Très peu de **Juifs** reviennent (4 000 sur 76 000 déportés raciaux). Avec les **prisonniers de guerre** (950 000) et les travailleurs du **STO** (700 000), tous réclament le statut de **déportés**.

• Dès août 1944, le général de Gaulle, soucieux de **reconstruire l'unité nationale**, laisse croire qu'une majorité de Français a résisté à l'occupant. Les communistes participent aussi à cette célébration de la Résistance. Le film *La Bataille du rail* de René Clément (1946) soutient cette image.

Affiche du Mouvement national des prisonniers de guerre et des déportés (1945)

Une connaissance historique limitée

• Dans l'immédiat après-guerre, le travail des historiens sur la Seconde Guerre mondiale est très difficile. **L'accès aux archives est limité** et toutes les victimes du régime nazi sont souvent **amalgamées** sous le statut générique de « déportés ».

• Les **témoignages**, qui pourraient être des sources pour les historiens, se limitent à ceux des **résistants** car la communauté juive est peu entendue et beaucoup de survivants ne souhaitent pas évoquer ce passé douloureux.

Nuit et Brouillard, un film entre histoire et mémoire

Un film de commande

• Pour les dix ans de la Libération, une **exposition** intitulée « Résistance, Libération, Déportation » est organisée à Paris de novembre 1954 à janvier 1955. La mise en chantier du film y est officiellement annoncée ainsi que l'utilisation de certains matériaux de l'exposition.

• Le Réseau du souvenir, un des commanditaires du film, rassemble essentiellement des résistants survivants de la déportation. Ils souhaitent, à l'instar du ministère des Anciens combattants qui assure une partie du financement, que le scénario donne une **place centrale à la Résistance**. Jean Cayrol, ancien déporté de Mauthausen, apportera la garantie d'authenticité à l'écriture du texte.

Une œuvre majeure dans un contexte particulier

• La force du commentaire et des images du film, projeté aux associations de déportés dès janvier 1956, lui permet de bénéficier de leur **soutien**. Il est présenté hors compétition lors du festival de Cannes (→ p. 7), non sans polémique.

• En 1956, la Commission de **contrôle** exige qu'une photographie d'archive présentant un gendarme gardant le camp d'internement de Pithiviers soit retirée du film. Il s'agit pour l'État français de ne pas évoquer la collaboration.

• Le récit de Jean Cayrol **n'évoque pas directement le génocide des Juifs** et cela lui sera plus tard reproché. Pourtant, l'état de la recherche historique ne permet pas dans les années d'après-guerre de reconnaître la spécificité de la Shoah : les chambres à gaz des centres de mise à mort ont été détruites par les nazis afin de ne pas laisser de traces et le contexte de la guerre froide ne permet pas d'accéder à toutes les archives de l'Est. La vérité historique n'émerge qu'au début des années 1960, à l'occasion du procès d'Adolf Eichmann à Jérusalem, même si la recherche a déjà débuté.

Henri Michel et Olga Wormser

Ces deux historiens apportent la caution scientifique au film *Nuit et Brouillard*. Ils sont chargés de regrouper la documentation nécessaire à la réalisation de l'œuvre d'Alain Resnais. Leurs recherches en Pologne accompagnent l'écriture du scénario. Le musée d'Auschwitz ouvre en 1947 et son exposition permanente en 1955. Certains éléments de cette exposition sont visibles dans le film (cheveux en tas, objets personnels des victimes).

ENTRETIEN avec Sylvie Lindeperg

Sylvie Lindeperg est historienne, professeure à l'université Paris 1 Panthéon-Sorbonne et membre émérite de l'Institut universitaire de France. Elle a écrit et dirigé une quinzaine d'ouvrages largement primés et traduits. Elle est l'auteure de plusieurs documentaires dont Face aux fantômes *avec Jean-Louis Comolli (2009), adaptation de son livre* Nuit et Brouillard : un film dans l'histoire *(Odile Jacob, 2007).*

Comment présenteriez-vous *Nuit et Brouillard* à des lycéens d'aujourd'hui ?

J'insisterais sur sa double dimension de document et d'œuvre d'art. *Nuit et Brouillard* nous livre tout d'abord un état de la mémoire et du savoir sur la déportation dans la France des années 1950. Alain Resnais reçut commande d'un film sur les camps de concentration et non sur l'extermination des Juifs d'Europe. La figure du déporté résistant s'intégrait mieux au grand récit national qui prévalait à l'époque, fondé sur une vision héroïque de la France des « années noires ». L'écriture du film fut par ailleurs tributaire d'un savoir historique encore balbutiant sur les camps nazis et la déportation. Mais *Nuit et Brouillard* est aussi une œuvre d'art qui a résisté à l'épreuve du temps. Le court-métrage de Resnais fut et demeure une référence essentielle dans l'histoire du cinéma et de la cinéphilie, en France comme à l'étranger.

En tant que spécialiste de la Seconde Guerre mondiale et du cinéma, pouvez-vous nous dire pourquoi *Nuit et Brouillard* reste une œuvre majeure ?

Essentiellement parce que *Nuit et Brouillard* fut porté par de hautes ambitions artistiques. Le producteur Anatole Dauman était convaincu qu'il fallait penser la forme du film autant que son contenu pour toucher un large public. C'est pourquoi il fit appel au talentueux Resnais. C'est ce que j'appelle le « passage à l'art » du projet. Le jeune cinéaste innova de bien des manières. Il fut le premier à filmer sur les lieux de la déportation et à parcourir en travellings l'enceinte des anciens camps. Il eut aussi l'idée de tourner ces plans en couleurs pour pouvoir alterner, dans un montage virtuose, le noir et blanc des archives et la couleur du présent. Resnais donna également une place centrale à la musique écrite par le grand compositeur Hanns Eisler. Il choisit encore de confier le commentaire à un écrivain, Jean Cayrol.

Qu'avez-vous découvert à propos de ce film ?

J'ai découvert par exemple qu'au musée d'Auschwitz, Resnais avait tourné en noir et blanc des plans que l'on considérait jusqu'ici comme des images d'archives. En analysant le processus d'écriture du scénario, j'ai également expliqué la présence dans le film de ce que j'appelle des « images muettes de la Shoah » – muettes au sens où le commentaire ne les rattache pas au génocide des Juifs et des Tsiganes.

Quelle est selon vous la particularité du commentaire de Jean Cayrol dans l'histoire des films documentaires ?

Sa principale originalité tient au double statut de Cayrol comme écrivain et comme déporté. Dans la France des années 1950, la place du témoin n'est pas encore assurée. Le cinéma ne donne pas la parole à celles et ceux qui reviennent des camps, contrairement à ce qui se fera plus tard. Resnais choisit Cayrol pour deux raisons. D'une part parce qu'il estime que seul un ancien déporté sera légitime pour parler de cet événement. D'autre part parce qu'il tient à la qualité littéraire du texte. La singularité du commentaire vient de cette double exigence. Cayrol ne parle pas devant la caméra mais son texte témoigne d'une autre manière : le regard qu'il porte sur les images du film est celui d'un rescapé et d'un poète.

Si vous deviez choisir un plan ou une séquence marquante du film, laquelle retiendriez-vous et pourquoi ?

Tout dépend des questions qu'on pose au film. La scène du travelling sur le plafond de la salle de Majdanek, présentée à l'époque comme une chambre à gaz, permet de montrer que Resnais chercha moins à reconstituer l'événement qu'à éveiller l'imagination des spectateurs. Les derniers plans de *Nuit et Brouillard*, tournés à Birkenau, sont quant à eux essentiels pour comprendre les enjeux éthiques et politiques de Resnais et Cayrol. Ces derniers ne voulaient pas faire un film de commémoration ni élever un monument à la mémoire des morts. Sur les ruines du crématoire, le commentaire alerte les contemporains sur le fait que « la bête immonde », pour parler comme Brecht, n'est pas morte sous les décombres. Le poète et le cinéaste en appellent aux consciences de leurs contemporains. Ils les invitent à regarder autour d'eux, à entendre le « cri sans fin » des victimes, celui notamment des colonisés en Algérie.

Claude Lanzmann dit, à propos de son œuvre *Shoah*, qu'il a cherché à filmer le « néant », la disparition, et que pour lui l'utilisation des images d'archives tout comme les reconstitutions ne sont pas adaptées pour évoquer le génocide des Juifs. Qu'en pense l'historienne du cinéma ?

Tout d'abord, ces deux œuvres ont été réalisées à des époques très différentes et elles ne portent pas sur le même sujet : *Nuit et Brouillard* est un film sur le système concentrationnaire, *Shoah* un film sur la destruction des Juifs d'Europe. Cela a des conséquences majeures en termes d'images. Car il existe un contraste absolu entre l'abondance de photographies sur les camps de concentration et l'extrême rareté d'images prises dans les centres de mise à mort où était appliquée une politique impérieuse du secret. Claude Lanzmann n'avait donc pratiquement pas d'images à sa disposition. Mais il me semble dans le même temps que l'on oppose trop radicalement *Nuit et Brouillard* à *Shoah*. L'œuvre de Lanzmann est tributaire de celle de Resnais qui, à sa manière, a lui aussi filmé la disparition. Ses travellings ont ouvert la voie à l'arpentage de Lanzmann sur les sites de Chelmno, de Treblinka ou de Birkenau.

Nuit et Brouillard (1956)

Même un paysage tranquille, même une prairie avec des vols de corbeaux, des moissons et des feux d'herbe, même une route où passent des voitures, des paysans, des couples, même un village pour vacances, avec une foire et un clocher, peuvent conduire tout simplement à un camp de concentration.

Le Struthof, Oranienbourg, Auschwitz, Neuengamme, Belsen, Ravensbruck, Dachau, Mauthausen[1], furent des noms comme les autres sur les cartes et les guides.

Le sang a caillé[2], les bouches se sont tues, les blocks[3] ne sont plus visités que par une caméra. Une drôle d'herbe a poussé et recouvert la terre usée par le piétinement des concentrationnaires[4]. Le courant ne passe plus dans les fils électriques. Plus aucun pas que le nôtre.

1933[5], la machine se met en marche.

Il faut une nation sans fausse note, sans querelles. On se met au travail.

---

1. Struthof, Oranienbourg, Auschwitz, Neuengamme, Belsen, Ravensbruck, Dachau, Mauthausen : camps de concentration nazis (→ carte p. 13). Mauthausen n'est pas nommé dans le film ; ce camp importe pour Jean Cayrol, qui y a été déporté.

2. A caillé : a séché, s'est durci.

3. Blocks : section d'un camp ou bâtiments où étaient rassemblés les détenus.

4. Concentrationnaires : détenus des camps de concentration.

5. 1933 : Adolf Hitler est nommé chancelier d'Allemagne le 30 janvier 1933 ; le camp de concentration de Dachau ouvre le 20 mars de la même année.

Un camp de concentration se construit comme un stade, ou un grand hôtel, avec des entrepreneurs, des devis, de la concurrence, sans doute des pots-de-vin[1].

Pas de style imposé. C'est laissé à l'imagination. Style alpin, style garage, style japonais, sans style.

Les architectes inventent calmement ces porches[2] destinés à n'être franchis qu'une seule fois.

Pendant ce temps, Burger, ouvrier allemand, Stern, étudiant juif d'Amsterdam, Schmulzki, marchand de Cracovie, Annette, lycéenne de Bordeaux[3], vivent leur vie de tous les jours, sans savoir qu'ils ont déjà, à mille kilomètres de chez eux, une place assignée.

Et le jour vient où leurs blocks sont terminés, où il ne manque plus qu'eux.

Raflés de Varsovie, déportés de Lodz, de Prague, de Bruxelles, d'Athènes, de Zagreb, d'Odessa ou de Rome, internés de Pithiviers, raflés[4] du Vel' d'Hiv', résistants parqués à Compiègne[5], la foule des pris sur le fait, des pris par erreur, des pris au hasard, se met en marche vers les camps.

Trains clos, verrouillés, entassement des déportés à cent par wagon, ni jour, ni nuit, la faim, la soif, l'asphyxie, la folie. Un

1. **Pots-de-vin** : sommes d'argent offertes illégalement en vue d'obtenir quelque chose, ici, la construction d'un camp.
2. **Porches** : portails, portes d'entrée.
3. **Stern, Schmulzki, Annette** : noms de personnes juives vivant dans un pays occupé par l'Allemagne nazie pendant la Seconde Guerre mondiale.
4. **Raflés** : personnes victimes d'opérations d'arrestation par la police, dont la plus importante en France est celle du Vélodrome d'Hiver à Paris du 16 au 17 juillet 1942 (dite « rafle du Vel' d'Hiv' »).
5. **Pithiviers, Compiègne** : camps d'internement ou de transit.

Photogramme 1

L'entrée du camp d'Auschwitz II-Birkenau filmée par Alain Resnais (*Nuit et Brouillard*, 7'25")

► Le camp d'Auschwitz II-Birkenau est à la fois un camp de concentration et un centre de mise à mort, ouvert en octobre 1941. Au printemps 1944, au moment de la déportation des Juifs hongrois, la voie ferrée est prolongée jusqu'à la zone des chambres à gaz et des crématoires.

POINT D'ÉTAPE 1

La trace des camps

lignes 1 à 46 • de 1'27" à 7'30"

La caméra, accompagnée de la voix-off du commentaire, filme les ruines des camps (Auschwitz-Birkenau, Majdanek) avant de montrer des archives de la mise en place de la déportation.

1 Un aller-retour entre présent et passé

• La séquence est encadrée par des images en couleur, tournées en Pologne en 1955 par l'équipe du film. Alain Resnais utilise des travellings pour montrer ce qu'il reste des camps et impliquer le spectateur. Ces choix cinématographiques suggèrent ainsi la continuité entre le présent et le passé, la banalité apparente et l'horreur (● PHOTOGRAMME 1, p. 23).

• Au milieu, sont montées des images issues d'archives nazies en noir et blanc. Elles retracent la progression du nazisme puis la construction des camps ; enfin, elles montrent les étapes de la déportation à travers l'Europe, des rafles jusqu'à l'arrivée des convois.

Mot clé : travelling

Mouvement de caméra, vertical ou horizontal, en avant ou en arrière, qui amène à changer le point de vue sur une scène, par exemple pour dévoiler un décor.

2 Un témoignage entre distanciation et dénonciation

• La voix de l'acteur Michel Bouquet est volontairement neutre pour lire le texte de Jean Cayrol au style détaché. Ainsi, ses phrases sont souvent déclaratives, brèves et juxtaposées. Cet effet d'énumération provoque un sentiment d'enchaînement implacable. Il tient également à distance le pathos, l'émotion facile (voir l'évocation des convois, l. 36).

• Une ironie se dégage, par exemple dans la mention « banale » de l'architecture (l. 21). Elle dénonce la facilité avec laquelle le système concentrationnaire a pu être mis en place.

• Les deux questions finales sur la possibilité de la mémoire (l. 40-42) annoncent celles de l'épilogue du film, plaçant le documentaire sous le signe de l'inquiétude, alors que la guerre d'Algérie a commencé en novembre 1954.

message tombe, quelquefois, ramassé. La mort fait son premier choix. Un second est fait à l'arrivée dans la nuit et le brouillard.

Aujourd'hui, sur la même voie, il fait jour et soleil. On la parcourt lentement, à la recherche de quoi ? De la trace des cadavres qui s'écroulaient dès l'ouverture des portes ? Ou bien du piétinement des premiers débarqués poussés à coups de crosse[1] jusqu'à l'entrée du camp, parmi les aboiements des chiens, les éclairs des projecteurs[2], avec au loin la flamme du crématoire[3], dans une de ces mises en scène nocturnes qui plaisent tant aux nazis.

POINT *d'étape* 1 > p. 24

Premier regard sur le camp : c'est une autre planète. Sous son prétexte hygiénique, la nudité, du premier coup, livre au camp l'homme déjà humilié.

Rasé, tatoué, numéroté, pris dans le jeu d'une hiérarchie encore incompréhensible, revêtu de la tenue bleue rayée, classé parfois « Nacht und Nebel[4] », « Nuit et Brouillard », marqué du triangle rouge des politiques, le déporté affronte d'abord les triangles verts : les droits-communs, maîtres parmi les sous-hommes[5]. Au-dessus : le kapo[6], presque toujours un droit-commun. Au-dessus encore : le S.S.[7], l'intouchable. On lui parle à trois mètres. Tout en haut : le

1. Crosse : ici, partie du fusil que l'on met sur l'épaule.
2. Projecteurs : sorte de lampes mobiles puissantes.
3. Crématoire : four crématoire où étaient brûlés les cadavres des détenus assassinés.
4. Nacht und Nebel : les déportés étaient classés en différents groupes : « Nacht und Nebel » (« nuit et brouillard », du nom de la procédure permettant la déportation, en train, des résistants ou opposants aux nazis, vers les camps de concentration), politiques (prisonniers politiques, résistants), droits-communs (prisonniers délinquants, ayant commis des infractions à la loi). Jean Cayrol ne mentionne pas les déportés pour raisons raciales (Juifs, Tsiganes).
5. Sous-hommes : terme générique employé par les nazis pour désigner les Juifs, les Tsiganes, les handicapés.
6. Kapo : chef de block, responsable d'un groupe de travail (kommando).
7. S.S. : officier nazi administrant le camp.

commandant. Lointain, il préside aux rites. Il affecte d'ignorer le camp. Qui ne l'ignore pas, d'ailleurs... ?

Cette réalité des camps, méprisée par ceux qui la fabriquent, insaisissable pour ceux qui la subissent, c'est bien en vain qu'à notre tour nous essayons d'en découvrir les restes.

Ces blocks en bois, ces châlits[1] où l'on dormait à trois, ces terriers où l'on se cachait, où l'on mangeait à la sauvette, où le sommeil même était une menace, aucune description, aucune image ne peuvent leur rendre leur vraie dimension : celle d'une peur ininterrompue.

Il faudrait la paillasse[2] qui servait de garde-manger et de coffre-fort, la couverture pour laquelle on se battait, les dénonciations, les jurons, les ordres retransmis dans toutes les langues, les brusques entrées du S.S. pris d'une envie de contrôle ou de brimade[3].

De ce dortoir de briques, de ces sommeils menacés, nous ne pouvons que vous montrer l'écorce, la couleur.

Voilà le décor : ces bâtiments qui pourraient être écuries, granges, ateliers, un terrain pauvre devenu terrain vague, un ciel d'automne devenu indifférent : voilà tout ce qui nous reste pour imaginer cette nuit coupée d'appels, de contrôle de poux, nuit qui claque des dents. Il faut dormir vite. Réveils à la trique[4], on se bouscule, on cherche ses effets[5] volés.

---

1. Châlits : ici, lits à étages, chaque lit servant à plusieurs détenus.
2. Paillasse : sac de toile bourré de paille ou de copeaux de bois, servant de matelas rudimentaire.
3. Brimade : humiliation, mauvais traitement.
4. Trique : matraque, gros bâton utilisé pour frapper.
5. Effets : affaires.

Cinq heures, rassemblement sur l'appel-platz[1]. Les morts de la nuit faussent toujours les comptes. Un orchestre joue une marche d'opérette au départ pour la carrière, pour l'usine.

Travail dans la neige qui devient vite de la boue glacée. Le froid aggrave les plaies. Travail dans la chaleur d'août avec la soif et la dysenterie[2].

Trois mille Espagnols[3] sont morts pour construire cet escalier qui mène à la carrière de Mauthausen[4].

Travail dans les usines souterraines. De mois en mois elles se terrent, s'enfoncent, se cachent, tuent. Elles portent des noms de femmes : Dora, Laura[5].

Mais ces étranges ouvriers de trente kilos sont peu sûrs. Et le S.S. les guette, les surveille, les fait rassembler, les inspecte et les fouille avant le retour au camp.

Des pancartes de style rustique[6] renvoient chacun chez soi. Le kapo n'a plus qu'à faire le compte de ses victimes de la journée. Le déporté, lui, retrouve l'obsession qui dirige sa vie et ses rêves : manger.

1. Appel-platz : place d'appel où les détenus étaient rassemblés et recensés pendant des heures, plusieurs fois par jour.
2. Dysenterie : maladie grave et contagieuse affectant les intestins.
3. Espagnols : plus de 7 000 républicains espagnols réfugiés en France ont été déportés à Mauthausen.
4. Mauthausen : le camp de Mauthausen, situé en Autriche, est construit, comme la plupart, par les déportés affectés à des travaux forcés. Ici, les carrières servent aux constructions monumentales du régime.
5. Dora, Laura : usines proches du camp de Buchenwald. Fin 1943, les détenus sont affectés à la construction de sites souterrains de production d'armements, à l'abri des bombardements alliés. La mortalité y est alors très élevée.
6. Rustique : campagnard.

La soupe. Chaque cuillère n'a pas de prix. Une cuillère de moins, c'est un jour de moins à vivre. On troque deux, trois cigarettes, contre une soupe. Beaucoup, trop faibles, ne peuvent défendre leur ration contre les coups et les voleurs.

Ils attendent que la boue, la neige, les prennent.

S'étendre enfin n'importe où et avoir son agonie à soi.

Les latrines, les Aborts[1]. Des squelettes aux ventres de bébés y venaient sept fois, huit fois par nuit. La soupe était diurétique[2]. Malheur à celui qui rencontrait un kapo ivre au clair de lune. On s'y observait avec crainte, on y guettait les symptômes bientôt familiers : « faire du sang », c'était signe de mort.

Marché clandestin : on y vendait, on y achetait, on y tuait en douce. On s'y rendait visite. On y échafaudait un plan d'appartement pour le retour[3]. On se passait les vraies et les fausses nouvelles. On y organisait des groupes de résistance.

Une société y prenait forme. Une forme sculptée dans la terreur, moins folle pourtant que l'ordre des S.S. qui s'exprimait par ces préceptes[4] : « LA PROPRETÉ C'EST LA SANTÉ » – « LE TRAVAIL C'EST LA LIBERTÉ » – « CHACUN SON DÛ » – « UN POU C'EST LA MORT ». Et un S.S. donc !

1. Aborts : terme allemand désignant les latrines, les toilettes.
2. Diurétique : qui provoque l'envie d'uriner.
3. On y échafaudait un plan d'appartement pour le retour : cette phrase n'est pas mentionnée dans le film. Elle suggère un mince espoir, nécessaire à la survie.
4. Préceptes : règles, conduites à suivre.

Photogramme 2

Prisonniers du camp de concentration de Buchenwald (*Nuit et Brouillard*, 10'26")

► Alain Resnais a intégré dans son film cette photographie prise cinq jours après la libération du camp par les troupes américaines, le 16 avril 1945 (photographe : Harry Miller). Dans le film, la photographie est recadrée sur les détenus couchés dans les châlits, et inversée dans sa disposition (gauche/droite).

POINT D'ÉTAPE 2

L'organisation du système concentrationnaire

lignes 47 à 132 • de 7'31" à 14'12"

Le film fait entrer le spectateur dans les camps et dépeint les conditions de vie inhumaines des déportés.

1 La présentation d'un monde à la fois aberrant et organisé

• La séquence s'ouvre sur l'entrée d'Auschwitz en noir et blanc et se clôt sur un panorama d'un camp depuis un mirador, filmé au présent. Elle est rythmée par l'évocation des lieux intérieurs (blocks, latrines, châlits, en couleurs) et extérieurs (cours, carrière...). Le temps, lui, est marqué, par la mention de l'appel matinal, des nuits et des saisons. Cela suggère la perception par les détenus d'un temps infini et répétitif.

• Ce monde structuré obéit à une hiérarchie toujours présente, notamment les kapos. Les règles affichées par les nazis, dont le slogan d'Auschwitz « *Arbeit macht frei* » (« Le travail, c'est la liberté »), montré deux fois, révèlent le contraste entre le discours et la réalité.

• L'accent est mis sur la condition physique des détenus. Le texte expose de façon directe les nombreuses causes de mort : la faim, les maladies, l'épuisement au travail, les coups, les exécutions.

2 Les limites du regard et de la représentation

• Deux procédés amènent à voir le quotidien des déportés de près. Le premier est cinématographique : après une vue de l'entrée d'Auschwitz, la séquence démarre par un très gros plan sur le visage d'un déporté. Le second est textuel : le narrateur utilise le pronom « on », pour s'identifier aux détenus (par exemple l. 56).

• Néanmoins, le spectateur ne peut pas se mettre à leur place ni tout voir. Dans la scène des châlits, la caméra montre les restes de la charpente dans un lent travelling, tandis que le narrateur insiste sur l'impuissance de la représentation (l. 64-65). À cette ruine « vide » fait écho la photographie des déportés allongés (● PHOTOGRAMME 2, p. 29).

Mot clé : représentation

Ici, action de rendre quelque chose présent au spectateur et au lecteur, en montrant par des images et des mots.

Chaque camp réserve des surprises : un orchestre symphonique, un zoo, des serres où Himmler[1] entretient des plantes fragiles, le Chêne de Goethe à Buchenwald[2]. On a construit le camp autour, mais on a respecté le chêne.

Un orphelinat éphémère, constamment renouvelé, un block des invalides.

Alors le monde véritable, celui des paysages calmes, celui du temps d'avant, peut bien apparaître de loin, pas si loin. Pour le déporté, c'était une image. Il n'appartenait plus qu'à cet univers fini, fermé, limité par les miradors[3] d'où les soldats surveillaient la bonne tenue du camp, visaient sans fin les déportés, les tuaient à l'occasion, par désœuvrement[4].

POINT *d'étape* 2 > p. 30

Tout est prétexte à facéties[5], à punitions, à humiliation. Les appels durent des heures. Un lit mal fait : vingt coups de bâton. Ne pas se faire remarquer, ne pas faire signe aux dieux. Ils ont leur potence[6]. Leur terrain de mise à mort.

Cette cour du block onze[7], dérobée aux regards, arrangée pour la fusillade, avec son mur protégé contre le ricochet des

1. Himmler : Heinrich Himmler (1900-1945), chef de la SS. Les camps de concentration et les centres de mise à mort dépendent de son autorité.

2. Le Chêne de Goethe à Buchenwald : conservé par les nazis lors de la construction du camp de Buchenwald, ce chêne a été attribué à l'écrivain romantique Johan Wolfgang von Goethe (1749-1832) qui avait vécu près de cet endroit. Cet arbre est devenu un symbole ambivalent de la culture : il incarne tantôt la résistance de l'esprit malgré l'horreur, tantôt l'impuissance de la culture à empêcher cette horreur.

3. Miradors : tours de guet, postes de surveillance.

4. Désœuvrement : inaction, ennui.

5. Facéties : farce, amusement (ici, ironique).

6. Potence : installation en bois servant ici à la pendaison des prisonniers.

7. Bloch onze : un des blocks d'Auschwitz

balles. Ce château d'Hartheim[1], où des autocars aux vitres fumées conduisent des passagers qu'on ne reverra plus.

« Transports noirs » qui partent à la nuit et dont personne ne saura jamais rien.

Mais c'est incroyablement résistant un homme : le corps brûlé de fatigue, l'esprit travaille, les mains couvertes de pansements travaillent.

On fabrique des cuillères, des marionnettes qu'on dissimule, des monstres, des boîtes.

On réussit à écrire, à prendre des notes, à exercer sa mémoire avec des rêves. On peut penser à Dieu.

On arrive même à s'organiser politiquement, à disputer aux droits-communs le contrôle intérieur de la vie du camp.

On s'occupe des camarades les plus atteints... On donne sur sa nourriture. On crée des entraides. En dernière ressource, on pousse avec angoisse les plus menacés à l'hôpital, au « Revier »[2].

Approcher de cette porte, c'était l'illusion d'une vraie maladie, l'espérance d'un lit. C'était aussi le risque d'une mort à la seringue.

Les soins sont vagues, les médicaments sont dérisoires[3], les pansements sont en papier. La même pommade sert pour toutes les plaies. Quelquefois, le malade affamé mange son pansement.

1. **Château d'Hartheim** : centre de mise à mort situé en Autriche où furent assassinés des handicapés puis des prisonniers jugés inaptes à travailler.

2. **Revier** : abréviation de *Krankenrevier*, hôpital, infirmerie des camps (en allemand).

3. **Dérisoires** : insuffisants, inadaptés.

Photogramme 3

Marionnette fabriquée par un détenu d'un camp (*Nuit et Brouillard*, 14'14")

▶ Cette marionnette, présente à Auschwitz I dans le musée inauguré en 1947, a été replacée dans une baraque par Alain Resnais pendant le tournage.

POINT D'ÉTAPE 3

L'humanité poussée à ses limites

lignes 133 à 198 • de 14'13" à 19'53"

La séquence montre la déshumanisation des déportés par la mise à mort et la torture, ainsi que les moyens de résistance.

1 Un processus de déshumanisation

• La séquence s'ouvre sur des photographies frontales de cadavres de déportés, tandis que le texte expose la cruauté des nazis (exécutions, punitions...).
• La torture est évoquée lors d'un épisode particulier, qui alterne images en couleurs du Revier, du block chirurgical et de la prison d'Auschwitz, et films d'archives en noir et blanc. Les expérimentations médicales sont ainsi au centre de ce passage.

2 L'évocation d'une humanité malgré tout

• La résistance, déjà mentionnée dans la séquence précédente (l. 33), est mise en valeur dans un épisode marquant: un travelling vertical révèle une marionnette cachée en haut d'une poutre (● PHOTOGRAMME 3, p. 33), tandis que le texte énumère les actions osées par les déportés.
• Celles-ci sont variées: fabrication d'objets, envoi clandestin de lettres, gestes de solidarité, organisation politique.

3 Entre représentation et suggestion de la violence

• Certaines images exposent directement la violence. Dans l'épisode du Revier, les archives témoignent de la souffrance extrême des survivants. Des clichés d'objets «médicaux» suggèrent, eux, les horreurs subies.
• La violence est aussi montrée de manière indirecte. Ainsi les clichés des SS bien habillés et entourés font ressortir la vulnérabilité des déportés.
• Enfin, la violence émane paradoxalement de l'impossibilité de montrer. Le narrateur fait allusion à des actes indicibles: la caméra se fige sur une bouche d'aération et la musique se tait, laissant le spectateur imaginer «le cri» (l. 198).

Mot clé : indicible

Qui ne peut pas être traduit et transmis par des mots, en raison de son caractère inouï, insoutenable.

À la fin, tous les déportés se ressemblent. Ils s'alignent sur un modèle sans âge qui meurt les yeux ouverts.

Il y avait un block chirurgical. Pour un peu, on se serait cru devant une vraie clinique.

Docteur S.S., infirmière inquiétante… il y a un décor, mais derrière ? Des opérations inutiles, des amputations, des mutilations expérimentales. Les kapos comme les chirurgiens S.S. peuvent se faire la main.

Les grandes usines chimiques envoient aux camps des échantillons de leurs produits toxiques. Ou bien elles achètent un lot de déportés pour leurs essais. De ces cobayes[1], quelques-uns survivront, castrés, brûlés au phosphore. Il y a celle dont la chair sera marquée pour la vie, malgré le retour. Ces femmes, ces hommes, les bureaux administratifs conservent leurs visages, déposés à l'arrivée.

Les noms aussi sont déposés. Des noms de vingt-deux nations[2]. Ils remplissent des centaines de registres, des milliers de fichiers. Un trait rouge biffe[3] les morts.

Des déportés tiennent cette comptabilité délirante, toujours fausse, sous l'œil des S.S. et des kapos privilégiés.

Ceux-là sont les « prominents », le gratin du camp[4].

1. Cobayes : des expérimentations médicales étaient réalisées sur les déportés afin de mettre au point des traitements pour les soldats allemands blessés ou créer des poisons.
2. Vingt-deux nations : les déportés, notamment raciaux, sont originaires des pays occupés ou alliés à l'Allemagne nazie.
3. Biffe : barre, raye.
4. « Prominents », le gratin du camp : les détenus privilégiés, distingués par les nazis.

Le kapo a sa propre chambre où il peut entasser ses réserves et recevoir le soir ses jeunes favorites[1].

Tout près du camp, le commandant a sa villa où sa femme contribue à entretenir une vie familiale et quelquefois mondaine comme dans n'importe quelle autre garnison[2]. Peut-être seulement s'y ennuie-t-elle un peu plus : la guerre ne veut pas finir.

Plus fortunés, les kapos avaient un bordel[3]. Des prisonnières mieux nourries, mais comme les autres, vouées à la mort.

Quelquefois, de ces fenêtres, il est tombé un morceau de pain pour un camarade au-dehors.

Ainsi, les S.S. étaient arrivés à reconstituer dans le camp une cité vraisemblable avec hôpital, quartier réservé[4], quartier résidentiel, et même – oui – une prison.

Inutile de décrire ce qui se passait dans ces cachots. Ces cages calculées pour qu'on ne puisse tenir ni debout, ni couché, des hommes, des femmes, y furent suppliciés[5] consciencieusement pendant des jours.

POINT *d'étape* 3 > p. 34

Les bouches d'aération ne retiennent pas le cri.

1942[6]. Himmler se rend sur les lieux. Il faut anéantir, mais productivement. Laissant la productivité à ses techniciens,

1. Favorites : ici, détenues contraintes de se prostituer.
2. Garnison : lieu où logent les troupes d'une armée.
3. Bordel : lieu de prostitution.
4. Quartier réservé : baraque où les surveillants des camps abusaient des déportées.
5. Suppliciés : torturés.
6. 1942 : en janvier 1942, à la conférence de Wannsee, est décidée la « solution finale de la question juive ». Himmler est chargé de sa mise en œuvre par les SS et visite les centres de mise à mort.

Himmler se penche sur le problème de l'anéantissement. On étudie des plans, des maquettes.

On les exécute, et les déportés eux-mêmes participent aux travaux.

Un crématoire, cela pouvait prendre à l'occasion un petit air de carte postale. Plus tard – aujourd'hui –, des touristes s'y font photographier.

La déportation s'étend à l'Europe entière. Les convois[1] s'égarent, stoppent, repartent, sont bombardés, arrivent enfin. Pour certains, la sélection[2] est déjà faite. Pour les autres, on trie tout de suite. Ceux de gauche iront travailler. Ceux de droite…

Ces images sont prises quelques instants avant une extermination. Tuer à la main prend du temps. On commande des boîtes de gaz zyklon[3].

Rien ne distinguait la chambre à gaz d'un block ordinaire. À l'intérieur, une salle de douches fausse accueillait les nouveaux venus.

On fermait les portes. On observait. Le seul signe – mais il faut le savoir –, c'est ce plafond labouré par les ongles. Même le béton se déchirait.

1. Convois : ici, trains transportant les déportés vers les camps.
2. Sélection : terme utilisé par les nazis pour « trier » les déportés.
3. Gaz zyklon : gaz toxique qui servit à exterminer massivement les Juifs à Auschwitz, jusqu'à 6 000 personnes par jour.

Quand les crématoires sont insuffisants, on dresse des bûchers. Les nouveaux fours absorbaient cependant plusieurs milliers de corps par jour.

Tout est récupéré. Voici les réserves des nazis en guerre, leurs greniers.

Rien que des cheveux de femmes… À quinze pfennigs[1] le kilo, on en fait du tissu.

Avec les os… des engrais. Tout au moins on essaie.

Avec les corps… mais on ne peut plus rien dire… avec les corps, on veut fabriquer du savon…

Quant à la peau…

1945[2]. Les camps s'étendent, sont pleins. Ce sont des villes de cent mille habitants. Complet partout. La grosse industrie s'intéresse à cette main-d'œuvre indéfiniment renouvelable. Des usines ont leurs camps personnels interdits aux S.S.

Steyr, Krupp, Heinkel, I.G. Farben, Siemens[3], Hermann Goering[4] ! s'approvisionnent à ces marchés.

---

1. Pfennigs : subdivision du mark allemand (100 pfennigs = 1 mark).

2. 1945 : dès l'été 1944, les nazis évacuent les survivants des camps de l'Est devant l'avancée de l'Armée rouge en Pologne (« marches de la mort » → p. 67). Les camps situés à l'ouest du Reich comptent déjà le plus de déportés, entièrement dévolus au travail forcé.

3. Steyr, Krupp, Heinkel, I.G. Farben, Siemens : entreprises industrielles allemandes (automobile, sidérurgie, chimie, construction).

4. Hermann Goering : haut dignitaire nazi (1893-1946), fondateur de la Gestapo. Il tente en avril 1945 de prendre la tête du Reich et est désavoué par Hitler.

Les nazis peuvent gagner la guerre, ces nouvelles villes font partie de leur économie. Mais ils la perdent.

Le charbon manque pour les crématoires. Le pain manque pour les hommes. Les cadavres engorgent les rues des camps. Le typhus[1]… Quand les Alliés ouvrent les portes[2]… toutes les portes…

Les déportés regardent sans comprendre. Sont-ils délivrés ? La vie quotidienne va-t-elle les reconnaître ?

« Je ne suis pas responsable », dit le kapo.

« Je ne suis pas responsable », dit l'officier.

« Je ne suis pas responsable[3] »…

Alors qui est responsable ?

Au moment où je vous parle, l'eau froide des marais et des ruines remplit le creux des charniers[4], une eau froide et opaque comme notre mauvaise mémoire.

La guerre s'est assoupie, un œil toujours ouvert.

L'herbe fidèle est venue à nouveau sur les appel-platz autour des blocks.

1. Le typhus : maladie infectieuse et contagieuse très grave, transmise par les poux.

2. Quand les Alliés ouvrent les portes : l'Armée rouge libère Auschwitz le 27 janvier 1945. En Allemagne, les Alliés entrent dans les camps à partir d'avril 1945 mais ils avaient déjà connaissance de leur existence en 1942.

3. Responsable : au procès de Nuremberg (novembre 1945-octobre 1946), les accusés nient leur responsabilité (sauf Goering) et disent qu'ils n'ont fait qu'obéir aux ordres.

4. Charniers : fosses, endroits où ont été amassés les cadavres de détenus assassinés.

Un village abandonné, encore plein de menaces.

Le crématoire est hors d'usage. Les ruses nazies sont démodées.

Neuf millions de morts[1] hantent ce paysage.

Qui de nous veille de cet étrange observatoire pour nous avertir de la venue des nouveaux bourreaux ? Ont-ils vraiment un autre visage que le nôtre ?

Quelque part, parmi nous, il reste des kapos chanceux, des chefs récupérés, des dénonciateurs[2] inconnus.

Il y a nous qui regardons sincèrement ces ruines comme si le vieux monstre concentrationnaire était mort sous les décombres[3], qui feignons[4] de reprendre espoir devant cette image qui s'éloigne, comme si on guérissait de la peste concentrationnaire, nous qui feignons de croire que tout cela est d'un seul temps et d'un seul pays[5], et qui ne pensons pas à regarder autour de nous et qui n'entendons pas qu'on crie sans fin.

POINT *d'étape* 4 > p. 42

1. Neuf millions de morts : les chiffres précis ne sont pas connus en 1955. Aujourd'hui, on estime qu'entre 5 et 6 millions de Juifs ont été assassinés, auxquels il faut ajouter les résistants morts en déportation, les Tsiganes (jusqu'à 250 000) et les ennemis du régime nazi.

2. Dénonciateurs : référence aux collaborateurs ayant dénoncé des résistants ou des Juifs.

3. Décombres : ruines, restes.

4. Feignons : faisons semblant. Dans le film, cette phrase est précédée de « Il y a tous ceux qui n'y croyaient pas, ou seulement de temps en temps. »

5. D'un seul temps et d'un seul pays : il ne s'agit pas seulement de dénoncer l'Allemagne nazie. Jean Cayrol comme Alain Resnais critiqueront par exemple plus directement dans d'autres textes ou entretiens le racisme et la violence de la France pendant la guerre d'Algérie.

Photogramme 4

Chaussures entassées dans le magasin d'Auschwitz (*Nuit et Brouillard*, 24'26")

► Alain Resnais a intégré dans son film cette photographie prise en 1945 après la libération du camp (photographe : Mucha Stanislaw).

Un réquisitoire contre les crimes nazis

lignes 199 à 272 • de 19'54" à la fin

Dans cette dernière séquence, le film retrace les étapes de l'extermination et interroge le spectateur sur les responsabilités.

1 Un récit implacable de l'extermination de masse

- La dimension chronologique reparaît avec le tournant de 1942. Sont relatées les étapes de la construction des fours crématoires et des chambres à gaz. Les responsables, dont Himmler, et des industriels, sont mentionnés. Enfin, un nombre de victimes est donné (l. 260).
- La volonté de documenter l'horreur est centrale, même si les sources des archives ne sont pas indiquées. Le narrateur insiste sur le geste filmique avec les expressions « Ces images » (l. 213) et « Voici » (l. 225).

2 L'image et la musique en relais du discours

- Le narrateur s'interrompt en évoquant la sélection avant l'extermination, le traitement des cadavres, la découverte des camps par les Alliés. Les points de suspension figurent l'horreur indicible et l'émotion.
- Des images pourront marquer le spectateur : le travelling dans la chambre à gaz, celui de la montagne de cheveux, les photographies des affaires des victimes (● PHOTOGRAMME 4, p. 41) les images de corps empilés accompagnées du duo flûte-clarinette.

3 Un appel à la vigilance

- La séquence se clôt par une interpellation directe des spectateurs, au présent. Trois questions leur sont adressées (l. 251 et 261-263).
- Après les images d'archives de procès, cet épisode apparaît comme un réquisitoire. Ainsi le pronom « nous », répété, désigne une responsabilité à la fois individuelle et collective.
- Au-delà des crimes nazis, Jean Cayrol et Alain Resnais dénoncent la permanence des violences dans les sociétés humaines.

Mot clé : réquisitoire

Dans le domaine de la justice, exposé des accusations par le procureur ou l'avocat général. Dans le langage courant, désigne un discours, un livre ou un film dénonciateur.

parcours LITTÉRAIRE

Écrire et représenter la violence des camps

INTRO

La déportation et le génocide de millions de personnes dans les camps de concentration et les centres de mise à mort pendant la Seconde Guerre mondiale ont constitué des événements d'une violence inédite dans l'histoire européenne. À partir de la libération des camps par les Alliés entre 1944 et début 1945, témoignages et récits de survivants paraissent, dans la presse puis dans des livres. Ils vont durablement fausser la perception de la destruction des Juifs d'Europe. La spécificité de la Shoah s'efface au profit de la mémoire de la déportation. En effet, l'immense majorité des Juifs assassinés n'a pas connu le système concentrationnaire et a été victime des conditions de vie dans les ghettos, des fusillades et des gazages dans les centres de mise à mort.

Pour les rescapés, Juifs ou résistants, comment raconter ce qui paraît au-delà du dicible, et comment partager la mémoire de traumatismes à la fois individuels et collectifs ? Comment enfin dépasser l'effroi devant l'horreur pour analyser les mécanismes sociaux et politiques ayant conduit à des crimes contre l'humanité ? Ce parcours s'interroge sur les fonctions et les limites de la représentation, littéraire et artistique, de la violence des camps.

Les textes du corpus ne sont pas de simples témoignages mais des récits littéraires de déportés politiques et de déportés juifs ; deux extraits d'essais s'y ajoutent.

La 1re partie montre le quotidien à la fois infernal et banal des camps de concentration, ainsi que la déshumanisation des déportés (● TEXTES 1, 2, 3 ET IMAGE 1).

Dans la 2e partie, des rescapés (● TEXTES 4 ET 5, IMAGE 2) et leurs descendants (● TEXTE 6) exposent la nécessité et la difficulté de la transmission de leur expérience.

Enfin, la 3e partie aborde la responsabilité collective (● TEXTE 7), puis analyse le conformisme social (● TEXTE 8)

et l'idéologie nazie (● TEXTE 9) qui ont mené aux exactions. C'est la notion même d'humanité qui est alors interrogée (● TEXTES 7 À 9 ET IMAGE 3).

I • DE QUOI TÉMOIGNER ?

« [S]i je n'avais pas vécu l'épisode d'Auschwitz, je n'aurais probablement jamais écrit », affirme Primo Levi. Dans les années qui suivent la fin de la guerre, des survivants des camps de concentration prennent la plume pour rendre compte de leurs conditions de détention. Comme dans *Nuit et Brouillard*, banalité et horreur, inhumanité et parfois solidarité se côtoient dans les récits de David Rousset, Charlotte Delbo et Primo Levi. Si le premier affecte une certaine distance, presque ironique, les deux autres s'impliquent davantage dans leur narration.

Témoignage ou littérature ?

On oppose traditionnellement le témoignage, qui serait un compte rendu brut de faits, dont la visée serait l'établissement d'une vérité (dans un contexte juridique par exemple) à la littérature, qui consisterait en une ré-élaboration de faits par un style, sans visée particulière. Or les textes des « camps » remettent en question cette frontière[1]. D'une part, les formes utilisées sont variées : David Rousset et Primo Levi font des récits mêlés d'analyses, Charlotte Delbo alterne narration et poésie, Jorge Semprún mélange fiction et autobiographie. D'autre part, au fur et à mesure des années, la visée des récits varie : s'il s'agit dans l'immédiat après-guerre de documenter ce qui a eu lieu, l'enjeu se déplace peu à peu sur la mémoire et les séquelles individuelles et collectives.

1 • Une organisation implacable

Le quotidien des déportés dans les camps de concentration obéit à une hiérarchie très forte et à une routine précise, que montre bien *Nuit et Brouillard* (● POINT D'ÉTAPE 2, p. 30). Cette planification et cette rationalité apparentes révèlent la violence extrême exercée par le régime nazi.

1. Voir Catherine Coquio, *La Littérature en suspens. Écritures de la Shoah : le témoignage et les œuvres*, Paris, L'Arachnéen, 2015.

DOC. 1

David Rousset (1912-1997), ***L'Univers concentrationnaire*** (1946)

L'Univers concentrationnaire, *récompensé par le prix Renaudot en 1946, rencontre un large public. Dans ce récit, le résistant David Rousset met à distance son expérience de la déportation à Buchenwald pour mieux fournir une analyse politique, couplée à une approche documentaire, des camps. L'engagement de l'auteur, fondateur du Parti ouvrier internationaliste (POI), se poursuivit après la guerre : il dénonça, courageusement, les camps soviétiques et chinois.*

III. DIEU A DIT QU'IL Y AURAIT UN SOIR ET UN MATIN

Tous les matins, avant l'aube, le marché des esclaves. Les Gummi[1] frappent les crânes, les épaules. Les poings s'écrasent sur les visages. Les bottes tapent, tapent, et les reins sont noirs et bleus et jaunes. Les injures tonitruent. Des hommes courent et se perdent dans les remous. D'autres pleurent. D'autres crient. Les concentrationnaires se cognent, s'enrouent de jurons, se chassent d'un Kommando à l'autre. L'aube lentement froide, en quelque saison que ce soit. Les équipes de travail se forment. Kapos et Vorarbeiter[2], des négriers[3]. Leur alcool du matin : frapper, frapper jusqu'à la fatigue apaisante. À 4 heures, le sifflet mitraille le sommeil. La matraque secoue les lenteurs. L'atmosphère du dortoir est gluante. Les insultes installent la journée dans les cerveaux, en français, en russe, en polonais, en allemand, en grec. La longue attente heurtée, bousculée, criarde, pour le pain et l'eau tiède. Maintenant, sur cinq, *zu fünf.* Un peu avant 6 heures, le SS va passer en revue les équipes de travail. Il se tient là, devant les hommes gris, un poing sur la hanche, les jambes

1. Gummi : matraques des SS.
2. Vorarbeiter : contremaîtres, détenus surveillant le travail d'une équipe.
3. Négriers : marchands d'esclaves.

écartées, le fouet, une longue lanière de cuir tressée, dans l'autre main. Les bottes brillent, claires, nettes, sans une trace de boue.

La dure et lente journée faite d'anxieuse attente et de faim. Pelles, pioches, wagonnets, le sel épais dans la bouche, dans les yeux, les blocs à enlever, les rails à placer, le béton à fabriquer, transporter, étendre, les machines à traîner, et SS, Kapos, Vorarbeiter, Meister[1], sentinelles, qui frappent jusqu'à la fatigue apaisante.

Lorsque les Américains approcheront, ce sera la fuite obligatoire, insensée, vers nulle part. Des wagons de cent cinquante, cent soixante hommes, une faim hideuse au ventre, la terreur dans les muscles. Et, la nuit, les Hæftlinge[2] s'entre-tueront pour dix grammes de pain, pour un peu de place. Le matin, les cadavres couverts d'ecchymoses, dans les fossés. À Woebbelin[3], il faudra monter la garde des morts avec des gourdins et tuer ceux qui mangent cette chair misérable et fétide des cadavres. Des squelettes étonnants, les yeux vides, marchent en aveugles sur des ordures puantes. Ils s'épaulent à une poutre, la tête tombante, et restent immobiles, muets, une heure, deux heures. Un peu plus tard, le corps s'est affaissé. Le cadavre vivant est devenu un cadavre mort.

Dans la nuit, les hommes se massent sur cinq. La neige est partout. Les phares de la porte principale beuglent dans la tempête comme des cornes barbares et puissantes. Quarante-cinq mille détenus montent vers la Grand-Place. Tous les soirs, immanquablement. Les vivants, les malades et les morts. Les injures rongent les lèvres et se taisent devant les dieux de la porte principale. L'orchestre ironique et bouffon scande la marche lente d'un peuple hagard[4]. C'est un univers à part, totalement clos, étrange royaume d'une fatalité singulière. La profondeur des camps.

1. Meister : maîtres.
2. Haeftlinge : détenus.
3. Woebbelin : camp de concentration situé en Allemagne.
4. Hagard : effaré, désemparé, perdu.

Barbarie ou civilisation ?

La « barbarie nazie » est devenue une expression courante pour parler des différents crimes commis sous le régime de Hitler. À l'origine, les « barbares » désignaient les étrangers par rapport aux Grecs et aux Romains. D'emblée, le terme avait une connotation négative, opposant les supposés « sauvages » aux êtres « civilisés ». Dire que les nazis sont barbares est certes juste quant à leurs actes, mais pas leur nature : ce sont des êtres humains conduits par une société « civilisée » à produire, de façon programmée et méthodique, des crimes contre l'humanité. Il est toujours plus confortable de penser que c'est la monstruosité des autres et non pas la pensée organisée de nos semblables qui est capable du pire.

2 • Une déshumanisation insoutenable

Les nazis ont instauré un processus de déshumanisation des déportés, depuis la mise à nu à l'arrivée (qui « livre au camp l'homme déjà humilié », selon les mots de Jean Cayrol) et le tatouage d'un numéro, jusqu'à l'extermination. Dans les actes comme dans les mots, les victimes ne sont plus considérées comme des êtres humains mais des animaux, voire des objets. Ainsi le mot *Stück* (« morceau » en allemand) était utilisé pour désigner les détenus. Cette déshumanisation par le langage se retrouve dans d'autres génocides (au Rwanda, les milices hutues appelaient les Tutsis « cafards »).

DOC. 2

Charlotte Delbo (1913-1985), ***Aucun de nous ne reviendra. Auschwitz et après, t. I*** (1965)

Sténodactylographe de formation, fille d'ouvriers italiens immigrés, communiste, Charlotte Delbo s'est engagée dans la Résistance avec son mari. Celui-ci est fusillé par la Gestapo, tandis qu'elle est déportée en tant que « Nuit et brouillard » (NN) dans le seul convoi de déportées politiques françaises envoyé à Auschwitz, en 1943. Sur les 230 déportées, 49 survivent, dont Charlotte Delbo. De cette expérience témoigneront plusieurs ouvrages, dont la trilogie Auschwitz et après. *Voici un extrait du premier tome,* Aucun de nous ne reviendra.

« Regardez, vous avez vu, dans la cour…

– Oh ! » Yvonne P. laisse retomber sa cuiller. Elle n'a plus faim.

Le carreau grillagé donne sur la cour du block 25, une cour fermée de murs. Il y a une porte qui ouvre dans le camp, mais si cette porte s'ouvre quand vous passez, vite vous courez, vous vous sauvez, vous ne cherchez à voir ni la porte ni ce qu'il peut y avoir derrière. Vous vous enfuyez. Nous, par le carreau, nous pouvons voir. Nous ne tournons jamais la tête de ce côté.

« Regardez. Regardez. »

D'abord, on doute de ce qu'on voit. Il faut les distinguer de la neige. Il y en a plein la cour. Nus. Rangés les uns contre les autres. Blancs, d'un blanc qui fait bleuté sur la neige. Les têtes sont rasées, les poils du pubis droits, raides. Les cadavres sont gelés. Blancs avec les ongles marron. Les orteils dressés sont ridicules à vrai dire. D'un ridicule terrible.

Boulevard de Courtais, à Montluçon. J'attendais mon père aux Nouvelles Galeries. C'était l'été, le soleil était chaud sur l'asphalte. Un camion était arrêté, que des hommes déchargeaient. On livrait des mannequins pour la vitrine. Chaque homme prenait dans ses bras un mannequin qu'il déposait à l'entrée du magasin. Les mannequins étaient nus, avec les articulations voyantes. Les hommes les portaient précieusement, les couchaient près du mur, sur le trottoir chaud.

Je regardais. J'étais troublée par la nudité des mannequins. J'avais souvent vu des mannequins dans la vitrine, avec leur robe, leurs souliers et leur perruque, leur bras plié dans un geste maniéré. Je n'avais jamais pensé qu'ils existaient nus, sans cheveux. Je n'avais jamais pensé qu'ils existaient en dehors de la vitrine, de la lumière électrique, de leur geste. Le découvrir me donnait le même malaise que de voir un mort pour la première fois.

Maintenant les mannequins sont couchés dans la neige, baignés dans la clarté d'hiver qui me fait ressouvenir du soleil sur l'asphalte.

Celles qui sont couchées là dans la neige, ce sont nos camarades d'hier. Hier elles étaient debout à l'appel. Elles se tenaient cinq par cinq en rangs, de chaque côté de la Lagerstrasse[1]. Elles partaient au travail, elles se traînaient vers les marais. Hier elles avaient faim. Elles avaient des poux, elles se grattaient. Hier elles avalaient la soupe sale. Elles avaient la diarrhée et on les battait. Hier elles souffraient. Hier elles souhaitaient mourir.

Maintenant elles sont là, cadavres nus dans la neige. Elles sont mortes au block 25. La mort au block 25 n'a pas la sérénité qu'on attend d'elle, même ici.

L'œuvre protéiforme de Charlotte Delbo

En 1966, l'auteure publie un ouvrage de témoignage sobrement intitulé *Le Convoi du 24 janvier*. Elle y restitue la trajectoire et la biographie de chacune des 229 camarades résistantes déportées avec elle le 24 janvier 1943. Les trois volumes d'*Auschwitz et après*, parus entre 1965 et 1971, oscillent entre prose et vers. *Aucun de nous ne reviendra, Une connaissance inutile et Mesure de nos jours*, alternent ainsi de brèves narrations et des poèmes, souvent quand l'émotion (tristesse ou colère) se mêle à l'hommage aux disparus. La « Prière aux vivants pour leur pardonner d'être vivants » est un des poèmes les plus bouleversants de Charlotte Delbo, où elle s'adresse au lecteur par-delà l'expérience de la mort.

3 • Une résistance intérieure

Face à la déshumanisation infligée par les nazis, les déportés parviennent parfois à mettre en œuvre une résistance, individuelle ou collective, intérieure ou extérieure, qui témoigne, *a contrario*, de leur inaliénable humanité. Des groupes fomentent des révoltes ou des sabotages, se récitent de mémoire des textes littéraires ; des individus écrivent, fabriquent des objets, communiquent, se soutiennent (● POINT D'ÉTAPE 3, p. 34).

1. **Lagerstrasse** : rue du camp.

DOC. 3 **Primo Levi** (1919-1987), ***Si c'est un homme*** (1947), traduit de l'italien par Martine Schruoffeneger © Julliard, 1987

Après avoir pris part à la Résistance dans son pays, l'Italie, Primo Levi est déporté en tant que Juif au camp de Monowitz, dépendant d'Auschwitz. Chimiste de formation, il est affecté dans une usine de fabrication de caoutchouc. Il devient écrivain après la guerre et consacre la majeure partie de son œuvre à l'expérience des camps. Son ouvrage le plus connu, Si c'est un homme, *témoigne de façon très réflexive de ce qu'il a vécu. Dans cet extrait, il évoque une prise de conscience décisive dans les « latrines ».*

Sur le mur d'en face trône un énorme pou, blanc, rouge et noir, orné de l'inscription : « Eine Laus, deine Tod » (un pou, c'est ta mort) et suivi de ces vers inspirés :

Nach dem Abort, vor dem Essen
Hände waschen, nicht vergessen
(Après les latrines, avant de manger,
Lave-toi les mains, ne l'oublie jamais.)

Pendant des semaines, j'ai considéré ces incitations à l'hygiène comme de simples traits d'esprit[1] typiquement germaniques, du même goût que la plaisanterie sur le bandage herniaire qui nous avait accueillis à notre entrée au Lager[2]. Mais j'ai compris ensuite que leurs auteurs anonymes avaient effleuré, sans doute à leur insu, quelques vérités importantes. Ici, se laver tous les jours dans l'eau trouble d'un lavabo immonde est une opération pratiquement inutile du point de vue de l'hygiène et de la santé, mais extrêmement importante comme symptôme d'un reste de vitalité, et nécessaire comme instrument de survie morale.

Je dois l'avouer : au bout d'une semaine de captivité, le sens de la propreté m'a complètement abandonné. Me voilà

1. Traits d'esprit : plaisanteries, railleries. **2. Lager** : camp.

traînant les pieds en direction des robinets, lorsque je tombe sur l'ami Steinlauf, torse nu, occupé à frotter son cou et ses épaules de quinquagénaire sans grand résultat (il n'a pas de savon) mais avec une extrême énergie. Steinlauf m'aperçoit, me dit bonjour et de but en blanc me demande sévèrement pourquoi je ne me lave pas. Et pourquoi devrais-je me laver? Est-ce que par hasard je m'en trouverais mieux? Est-ce que je plairais davantage à quelqu'un? Est-ce que je vivrais un jour, une heure de plus? Mais pas du tout, je vivrais moins longtemps parce que se laver représente un effort, une dépense inutile de chaleur et d'énergie. [...]

Mais Steinlauf me rabroue[1]. Sa toilette terminée, le voilà maintenant en train de s'essuyer avec la veste de toile qu'il tenait jusque-là roulée en boule entre ses genoux et qu'il enfilera ensuite, et sans interrompre l'opération il entreprend de me donner une leçon en règle.

Je ne me souviens plus aujourd'hui, et je le regrette, des mots clairs et directs de Steinlauf, l'ex-sergent de l'armée austro-hongroise, croix de fer[2] de la guerre de 14-18. Je le regrette, parce qu'il me faudra traduire son italien rudimentaire[3] et son discours si clair de brave soldat dans mon langage d'homme incrédule. Mais le sens de ses paroles, je l'ai retenu pour toujours: c'est justement, disait-il, parce que le Lager est une monstrueuse machine à fabriquer des bêtes, que nous ne devons pas devenir des bêtes; puisque même ici il est possible de survivre, nous devons vouloir survivre, pour raconter, pour témoigner; et pour vivre, il est important de sauver au moins l'ossature, la charpente, la forme de la civilisation. Nous sommes des esclaves, certes, privés de tout droit, en butte à toutes les humiliations, voués à une mort presque certaine, mais il nous reste encore une ressource et nous devons la

1. **Rabroue**: sermonne, répond brutalement.
2. **Croix de fer**: décoration militaire prussienne puis allemande.
3. **Rudimentaire**: peu développé, insuffisant.

défendre avec acharnement parce que c'est la dernière : refuser notre consentement. Aussi est-ce pour nous un devoir envers nous-mêmes que de nous laver le visage sans savon, dans de l'eau sale, et de nous essuyer avec notre veste. Un devoir, de cirer nos souliers, non certes parce que c'est écrit dans le règlement, mais par dignité et par propriété. Un devoir enfin de nous tenir droits et de ne pas traîner nos sabots, non pas pour rendre hommage à la discipline prussienne, mais pour rester vivants, pour ne pas commencer à mourir.

IMAGE 1 **Claude Lanzmann** (1925-2018), **photogramme de *Shoah*** (1985)

Contrairement à Nuit et Brouillard, *le film de Claude Lanzmann (9h30 d'images, préparées pendant douze ans) ne s'ouvre pas sur les restes d'Auschwitz mais sur un lieu sans traces visibles*[1] *: la nature paisible où se tenait le centre de mise à mort de Chelmno. La caméra filme Simon Srebnik, 47 ans, l'un des six rescapés des plus de 150 000 victimes assassinées en ces lieux, arpentant l'espace, et sa mémoire.*

L'œuvre est reproduite en couleurs sur le rabat arrière de la couverture.

Lire l'image

• Ce gros plan, centré sur le visage d'un survivant, met l'accent sur le regard et la parole du témoin, ainsi que sa proximité avec celui qui l'écoute, et partant, avec les spectateurs. Claude Lanzmann n'a pas voulu utiliser d'images d'archives mais plutôt filmer au présent les porteurs de la mémoire de la Shoah.

1. Voir Maxime Decout, *Faire trace. Les Écritures de la Shoah*, Paris, Éditions Corti, 2023.

• C'est donc Simon Srebnik, déporté alors qu'il était jeune adolescent, et rescapé d'un groupe d'*Arbeitsjuden* («juifs du travail»), qui nous guide et nous transmet son expérience. Il décrit ainsi: «Ici, on brûlait des gens» à l'endroit des fosses, désormais recouvertes d'herbe, où furent enterrés puis brûlés les cadavres des Juifs assassinés par le gaz dans des camions.

• Il y a donc une tension entre le discours du témoin et les lieux muets du génocide. L'entreprise nazie de négation et d'effacement des crimes est au cœur de la démonstration de Claude Lanzmann. Cette tension est soulignée par l'expression du visage de Simon Srebnik, difficile à définir (incrédule, horrifié, épuisé) et symbolise aussi la difficulté du témoin à partager l'horreur.

II • POURQUOI ET COMMENT TÉMOIGNER ?

Si les écrivains de la «littérature des camps» ont tous éprouvé à un moment la nécessité de témoigner, ils ne l'ont pas fait pour les mêmes raisons, ni avec les mêmes difficultés (certains ont mis des années avant d'écrire, d'autres ont multiplié les formes). Pour Élie Wiesel, il s'agit certainement avant tout d'honorer la mémoire des disparus en luttant contre l'effacement programmé de la culture juive. Il publie ainsi en 1955 *Et le monde se taisait*[1], en yiddish, langue parlée par les populations juives d'Europe centrale et orientale quasiment disparue après la Shoah. Pour Jorge Semprún, déporté politique, l'enjeu est de parvenir à transmettre une expérience-limite, là où Primo Levi prétendait «étudier» certains aspects de l'âme humaine. Enfin, pour Hélène Gaudy, descendante de déporté, il ne s'agit plus directement de témoigner mais de mener l'enquête dans les lieux actuels.

1. Et le monde se taisait: en yiddish, *Un Di Velt Hot Geshvign*. Élie Wiesel en publie une version remaniée et raccourcie en français en 1958, sous le titre *La Nuit*.

1 • Une nécessité vitale et morale

On a beaucoup parlé de « devoir de mémoire » à partir des années 1990, au sujet de la transmission de l'histoire de la Shoah dans la société civile, notamment par le biais de l'enseignement. Les recherches des historiens et des associations d'anciens déportés, ainsi que la reconnaissance par l'État français de son rôle dans la déportation des Juifs de France[1] ont permis une meilleure connaissance du génocide des Juifs. Pour les rescapés, ce devoir n'est pas une vaine formule.

DOC. 4

Élie Wiesel (1928-2016), ***La Nuit*** (1958), **préface à la nouvelle édition de 2007**

La Nuit, *paru en 1958, deux ans après* Nuit et Brouillard, *est le livre le plus célèbre d'Élie Wiesel, premier écrivain à recevoir le prix Nobel de la paix, en 1986. Ce récit relate sa déportation et celle de sa famille, Juifs originaires de Roumanie, alors qu'il n'a que seize ans. À Auschwitz et à Buchenwald, il perd son père, interné avec lui, sa mère et l'une de ses sœurs, gazées. Voici le début de la préface qu'il écrivit, bien des années plus tard.*

Si de ma vie je n'avais eu à écrire qu'un seul livre, ce serait celui-ci. De même que le passé vit dans le présent, tous mes livres qui ont suivi *La Nuit*, en un sens profond, en portent sa marque, et cela vaut également pour ceux qui traitent de thèmes bibliques, talmudiques ou hassidiques[2] : on ne les comprendra pas si on ne l'a pas lu.

Pourquoi l'ai-je écrit ?

Pour ne pas devenir fou ou, au contraire, pour le devenir et ainsi mieux comprendre la folie, la grande, la terrifiante,

1. Le 16 juillet 1995, lors de la commémoration de la rafle du Vél' d'Hiv' (16-17 juillet 1942), Jacques Chirac, président de la République, admet officiellement la participation de la France dans le génocide des Juifs. Il dénonce également de façon très virulente le négationnisme.

2. Thèmes bibliques, talmudiques ou hassidiques : il s'agit de thèmes religieux, concernant le christianisme (bibliques) et le judaïsme (talmudiques ou hassidiques).

celle qui avait autrefois fait irruption dans l'histoire et dans la conscience d'une humanité oscillante entre la puissance du mal et la souffrance de ses victimes ?

Était-ce pour léguer aux hommes des mots, des souvenirs comme moyens pour se donner une meilleure chance d'éviter que l'Histoire ne se répète avec son implacable attrait pour la violence ?

Ou bien, était-ce encore tout simplement pour laisser une trace de l'épreuve que j'avais subie à l'âge où l'adolescent ne connaît de la mort et du mal que ce qu'il découvre dans les livres ?

Certains lecteurs me disent que si j'ai survécu c'était pour écrire ce texte. Je n'en suis pas convaincu. J'ignore comment j'ai survécu ; trop faible et trop timide, je n'ai rien fait pour. Dire que c'était un miracle ? Je ne le dirai pas. Si le ciel a pu ou voulu accomplir un miracle en ma faveur, il aurait bien pu ou dû en faire autant pour d'autres plus méritants que moi. Je ne peux donc remercier que le hasard. Cependant, ayant survécu, il m'incombe de conférer un sens à ma survie. Est-ce pour dégager ce sens-là que j'ai mis sur le papier une expérience où rien n'avait de sens ?

En vérité, avec le recul, je dois avouer que je ne sais pas, ou que je ne sais plus ce que j'ai voulu obtenir avec mes propos. Je sais seulement que, sans ce petit ouvrage, ma vie d'écrivain, ou ma vie tout court, n'aurait pas été ce qu'elle est : celle du témoin qui se croit moralement et humainement obligé d'empêcher l'ennemi de remporter une victoire posthume[1], sa dernière, en effaçant ses crimes de la mémoire des hommes.

C'est que, aujourd'hui, grâce aux documents authentiques qui nous parviennent de nombreuses sources, c'est clair : si, au début de leur règne, les SS essayaient de fonder une société où les Juifs n'existeraient plus, à la fin leur but était de laisser

1. **Posthume** : qui intervient après la mort.

derrière eux un monde en ruine où les Juifs n'auraient jamais existé. Voilà pourquoi, en Russie, en Ukraine, en Lituanie comme en Russie blanche[1], partout où les *Einsatzgruppen*[2] exécutaient la « solution finale »[3] en assassinant par mitrailleuses plus d'un million de Juifs, hommes, femmes et enfants, avant de les jeter dans d'immenses fosses communes, creusées par les condamnés eux-mêmes, des unités spéciales déterraient ensuite les cadavres pour les brûler à ciel ouvert. Ainsi, pour la première fois de l'Histoire, des Juifs, tués deux fois, n'ont pu être enterrés dans des cimetières.

En d'autres termes, la guerre que Hitler et ses acolytes[4] livraient au peuple juif visait également la religion juive, la culture juive, la tradition juive, c'est-à-dire la mémoire juive.

Le visage de l'horreur

Conservée au mémorial Yad Vashem de Jérusalem, plus grand centre d'archives de la Shoah au monde, une photographie célèbre (● PHOTOGRAMME 2, p. 29 ET POINT D'ÉTAPE 2, p. 30) a été prise par le soldat américain Harry Miller le 16 avril 1945 à Buchenwald, cinq jours après la libération du camp. On peut voir le jeune Élie Wiesel, 7e homme à droite couché sur la 2e rangée en partant du bas, et se souvenir des derniers mots de *La Nuit*, lorsque tout juste libéré, le rescapé se regarde dans la glace : « Du fond du miroir, un cadavre me contemplait. / Son regard dans mes yeux ne me quitte plus. »

2 • Une vérité difficile à mettre en forme

Pour les êtres de langage que nous sommes, la vérité passe souvent par une mise en mots. Or comment exprimer dans la langue ordinaire la réalité effroyable vécue et ressentie par les déportés ? Quels mots choisir pour être écoutés et crus par ceux qui n'ont pas vécu la déportation ? Nombre d'auteurs ont fait part de ces interrogations à l'intérieur même de leur texte, à l'instar du narrateur de *Nuit et Brouillard* (● FICHE 2, p. 80).

1. Russie blanche : actuelle Biélorussie.
2. *Einsatzgruppen* : voir lexique p. 100.
3. « Solution finale » : Élie Wiesel évoque ce que les historiens ont appelé « la Shoah par balles ».
4. Acolytes : complices.

DOC. 5 Jorge Semprún (1923-2011), *L'Écriture ou la Vie* (1994)

Issu d'une famille de républicains espagnols exilés en France au moment de la guerre d'Espagne (1936-1939), Jorge Semprún s'est engagé jeune dans un réseau communiste de résistants. Déporté à Buchenwald en 1943, il mit du temps à témoigner, et publia des récits mêlant les souvenirs et la fiction, à partir de 1963 (Le Grand Voyage). *En 1994,* L'Écriture ou la Vie *revient sur son internement, en particulier les derniers moments, sur la difficulté de témoigner et les aléas de la mémoire. Dans cet extrait, il évoque une discussion entre déportés s'apprêtant à être rapatriés, suite à la libération du camp.*

– Tu tombes bien, de toute façon, me dit Yves, maintenant que j'ai rejoint le groupe des futurs rapatriés. Nous étions en train de nous demander comment il faudra raconter, pour qu'on nous comprenne.

Je hoche la tête, c'est une bonne question : une des bonnes questions.

– Ce n'est pas le problème, s'écrie un autre, aussitôt. Le vrai problème n'est pas de raconter, quelles qu'en soient les difficultés. C'est d'écouter… Voudra-t-on écouter nos histoires, même si elles sont bien racontées ?

Je ne suis donc pas le seul à me poser cette question. Il faut dire qu'elle s'impose d'elle-même.

Mais ça devient confus. Tout le monde a son mot à dire. Je ne pourrai pas transcrire la conversation comme il faut, en identifiant les participants.

– Ça veut dire quoi, « bien racontées » ? s'indigne quelqu'un. Il faut dire les choses comme elles sont, sans artifices[1] !

C'est une affirmation péremptoire[2] qui semble approuvée par la majorité des futurs rapatriés présents. Des futurs nar-

1. **Artifices** : inventions, embellissements.

2. **Péremptoire** : catégorique, qui ne supporte pas de réplique.

rateurs possibles. Alors, je me pointe, pour dire ce qui me paraît une évidence.

– Raconter bien, ça veut dire : de façon à être entendus. On n'y parviendra pas sans un peu d'artifice. Suffisamment d'artifice pour que ça devienne de l'art !

Mais cette évidence ne semble pas convaincante, à entendre les protestations qu'elle suscite. Sans doute ai-je poussé trop loin le jeu de mots. Il n'y a guère que Darriet qui m'approuve d'un sourire. Il me connaît mieux que les autres.

J'essaie de préciser ma pensée.

– Écoutez, les gars ! La vérité que nous avons à dire – si tant est que nous en ayons envie, nombreux sont ceux qui ne l'auront jamais ! – n'est pas aisément crédible… Elle est même inimaginable…

Une voix m'interrompt, pour renchérir.

– Ça, c'est juste ! dit un type qui boit d'un air sombre, résolument. Tellement peu crédible que moi-même je vais cesser d'y croire, dès que possible !

Il y a des rires nerveux, j'essaie de poursuivre.

– Comment raconter une vérité peu crédible, comment susciter l'imagination de l'inimaginable, si ce n'est en élaborant, en travaillant la réalité, en la mettant en perspective ? Avec un peu d'artifice, donc !

Ils parlent tous à la fois. Mais une voix finit par se distinguer, s'imposant dans le brouhaha. Il y a toujours des voix qui s'imposent dans les brouhahas semblables : je le dis par expérience.

– Vous parlez de comprendre… Mais de quel genre de compréhension s'agit-il ?

Je regarde celui qui vient de prendre la parole. J'ignore son nom, mais je le connais de vue. Je l'ai déjà remarqué, certains après-midi de dimanche, se promenant devant le block des Français, le 34, avec Julien Cain, directeur de la Bibliothèque nationale, ou avec Jean Baillou, secrétaire de Normale Sup. Ça doit être un universitaire.

– J'imagine qu'il y aura quantité de témoignages… Ils vaudront ce que vaudra le regard du témoin, son acuité[1], sa perspicacité… Et puis il y aura des documents… Plus tard, les historiens recueilleront, rassembleront, analyseront les uns et les autres : ils en feront des ouvrages savants… Tout y sera dit, consigné[2]… Tout y sera vrai… sauf qu'il manquera l'essentielle vérité, à laquelle aucune reconstruction historique ne pourra jamais atteindre, pour parfaite et omnicompréhensive qu'elle soit…

Les autres le regardent, hochant la tête, apparemment rassurés de voir que l'un d'entre nous arrive à formuler aussi clairement les problèmes.

– L'autre genre de compréhension, la vérité essentielle de l'expérience, n'est pas transmissible… Ou plutôt, elle ne l'est que par l'écriture littéraire.

3 • Une recherche des traces

De nos jours, certains écrivains retournent sur les lieux de déportation et d'extermination, à la fois pour trouver des traces du passé et pour mesurer le travail du temps, observer les strates de la mémoire. Ainsi, dans de nombreux lieux, des musées ou des mémoriaux ont été créés afin de conserver le souvenir des disparus et des exactions perpétrées. De la confrontation entre le présent et le passé émergent des cohabitations parfois inattendues, parfois aussi douloureuses.

1. **Acuité** : lucidité, clairvoyance.

2. **Consigné** : ici, répertorié, noté.

DOC. 6 **Hélène Gaudy** (née en 1979), ***Une île, une forteresse. Sur Terezín*** (2016) © Inculte 2016

S'intéressant à Terezín, ou Theresienstadt (actuellement en République tchèque), ville-ghetto et camp de concentration où ont été détenus 140 000 Juifs, souvent avant d'être déportés à Auschwitz, l'écrivaine Hélène Gaudy se met à enquêter sur sa propre histoire familiale. Elle revient ainsi en France, à Drancy, où la cité de la Muette servit de camp d'internement avant la déportation vers Auschwitz et où fut détenu son grand-père.

J'ai le souvenir de ce qu'on pourrait appeler maintenant une HLM, m'a raconté ma tante, mais à l'époque, ça n'existait pas, des grands bâtiments comme ça. Un bâtiment gris, vraiment triste. On ne voyait rien de l'extérieur, on ne voyait pas les gens qui étaient là. Ma mère a donné un colis à un gardien, qui l'a accepté. Est-ce que le colis lui est parvenu, ce n'est pas sûr. On y est allées au moins deux fois et là, on nous a dit, ils sont partis. Ils sont partis ce matin. Ils étaient partis. Voilà. À partir de là, on n'est plus retournées à Drancy, et on n'a plus jamais eu aucune nouvelle.

C'était en 1944. Ma tante avait 8 ans. Aux côtés de sa mère, elle était venue apporter un colis à son père – mon grand-père. Avant Auschwitz, avant la *Judenrampe*[1], Drancy est donc le dernier lieu où sa présence a été attestée, où, même si elles n'ont pas pu le voir ni lui parler, elles ont su qu'il était là, quelque part, derrière les vitres de la cité de la Muette.

[…]

J'ai une image très précise d'une sorte de cour ouverte sur l'extérieur, m'a dit ma tante, des bâtiments en U, gris, d'une importance que je n'avais jamais vue parce que moi,

1. ***Judenrampe*** : la « rampe des Juifs » (en allemand) désigne le quai où s'effectuait la sélection des Juifs à leur arrivée à Auschwitz-Birkenau.

je venais du Gers, tu vois. C'était sinistre. C'est toujours comme ça ? Ça n'a pas été ravalé, rien ?

C'est toujours comme ça. Dans ce lieu classé depuis 2001, on ne peut rien changer, rien repeindre, rien ajouter ni retrancher. Les appartements sont petits – des studios, des deux-pièces. On y loge des couples, des personnes âgées, des personnes seules. Quand ils ont des enfants, ils partent. Quand ils sont trop vieux, ils meurent. Il y a beaucoup de roulement dans ces intérieurs cloisonnés après-guerre pour briser la monotonie froide des chambrées. Les allées et venues des locataires sont les seuls mouvements notables dans une structure immuable.

La cité de la Muette, habitée dès 1948 parce qu'il fallait bien trouver des logements après-guerre, est restée figée dans la honte de l'État français d'avoir participé avec tant de bonne volonté à la déportation des Juifs. Puisqu'on ne peut pas la détruire, puisque déloger ses habitants serait une nouvelle violence, on la garde telle quelle, menaçant ruine dans certains escaliers, comme une cicatrice à laquelle on n'ose pas toucher de peur qu'elle s'enflamme. Chaque rénovation, qui se doit de respecter le lieu et sa valeur historique, est longue et coûteuse. Les habitants se plaignent des lourdeurs administratives mais c'est aussi en prenant le temps de refaire à l'identique les huisseries des fenêtres qu'on a exhumé, sous les papiers peints jaunis, des graffitis du temps du camp, des dessins et des signatures, d'ultimes messages.

[…]

Le récent mémorial a été construit juste en face de la cité, comme un observatoire, ni vraiment dedans, ni vraiment à l'écart. Vue de ses larges baies vitrées, la Muette, dont le nom ne ferait pas référence au silence ni à l'armée mais aux meutes qui y chassaient au temps où s'étendaient ici des champs et des forêts, la Muette ressemble aux photos de l'époque du camp, aux films qui passent en boucle dans la salle d'exposition, à la différence près qu'elle est en couleurs, que son terre-plein est rayé par le passage des enfants qui sortent de l'école et traversent l'esplanade en courant.

L'enquête

L'enquête est devenue une forme courante dans la littérature contemporaine française, et plus largement mondiale, pour évoquer les camps et les centres de mise à mort. Des descendants de déportés (désormais petits-enfants) comme Daniel Mendelsohn dans *Les Disparus* (traduit en français en 2007), Ivan Jablonka dans *Histoire des grands-parents que je n'ai pas eus* (2012) ou des auteurs interpellés par le destin d'une disparue comme Patrick Modiano dans *Dora Bruder* (1997), s'impliquent dans des recherches au carrefour de l'histoire et de la mémoire. Les écrivains expriment leurs émotions et leurs doutes, montrant combien la notion de vérité est fragile.

IMAGE 2

Jean-David Morvan, Victor Matet (textes), Ricard Efa, Cesc et Roger Sole (dessins)

Adieu Birkenau (2023) © Éditions Albin Michel

Cette bande dessinée retrace la dernière visite de groupe effectuée à Auschwitz-Birkenau par Ginette Kolinka. On est alors en 2020 et elle a 95 ans; à 19 ans, dénoncée avec sa famille alors qu'ils se sont réfugiés en zone libre, elle est déportée en raison de ses origines juives et soumise au travail forcé. Ce n'est que très tardivement qu'elle a endossé le rôle de passeuse de mémoire.

L'œuvre est reproduite en couleurs sur le rabat arrière de la couverture.

Lire l'image

- La planche est composée de cinq cases. Les deux premières sont des plans larges montrant le décor et les protagonistes, un groupe scolaire entourant la survivante-guide, en train d'évoquer son convoi de déportés à Auschwitz. Les deux suivantes sont des plans rapprochés sur les personnages, échangeant sur la sélection des déportés à l'arrivée. La dernière prend à nouveau de la hauteur.
- On observe une symétrie entre les deux premières cases. Ainsi, au bus et à la route de la première font écho dans la seconde le wagon et les rails, placés dans le sens contraire. Cette disposition suggère un glissement du présent au passé et nous immerge dans l'histoire.
- Les cases suivantes accentuent cet effet ; ainsi le lecteur est amené à se mettre à la place de l'ancienne adolescente déportée, lorsque, de près, Ginette Kolinka désigne les élèves pour expliquer la sélection. L'inconfort de ces scènes est atténué par la mise à distance de la dernière case.

III • OÙ TROUVER L'ORIGINE DE LA VIOLENCE ?

Les nombreux crimes de masse perpétrés au XXe siècle ont conduit des chercheurs de différentes disciplines à s'interroger sur les origines de la violence. Ainsi le psychologue social américain Herbert Kelman, dans un article datant de 1973, identifie trois mécanismes rendant possible de telles exactions : l'autorisation par une hiérarchie, la routinisation des actes horribles, la déshumanisation des victimes. L'écrivain rescapé Robert Antelme pointe quant à lui la passivité des citoyens ordinaires, spectateurs et acteurs malgré eux des crimes nazis. Rejoignant l'idée d'autorisation, le philosophe Frédéric Gros expose le phénomène social de conformisme au groupe, tandis que l'historien Johann Chapoutot rappelle que le génocide des Juifs a également procédé d'un ensemble de discours et de représentations antisémites.

1 • Une responsabilité collective

Après la fin de la guerre, de nombreuses personnes ont prétendu « ne pas savoir » ce qui se passait dans les camps ou ne pas être « responsables » (● NUIT ET BROUILLARD, p. 39). *Shoah* de Claude Lanzmann ou *L'Espèce humaine* de Robert Antelme ont montré l'aveuglement plus ou moins conscient à l'œuvre dans l'Europe occupée. Où commence et où s'arrête la responsabilité de chacun ?

DOC. 7 **Robert Antelme** (1917-1990), ***L'Espèce humaine*** (1947)

Robert Antelme, alors époux de l'écrivaine Marguerite Duras, ami de David Rousset, est déporté pour faits de résistance en 1944. Rescapé, il publie L'Espèce humaine *en 1947. Dans la deuxième partie de son récit, intitulée « La route », il relate l'évacuation du camp de Gandersheim (dépendant de Buchenwald) à l'approche des armées alliées et le transfert à pied éprouvant vers Dachau. Hors du camp, les déportés sont confrontés non seulement à la violence meurtrière des SS mais aussi au regard des villageois ordinaires.*

L'alerte est passée, la colonne se reforme. On arrive à Wernigerod[1]. Il doit être six heures du soir. La lumière du ciel est jaune. On entre dans la ville par des allées plantées d'arbres. Petite ville calme. Les gens flânent sur les trottoirs ou rentrent chez eux. Des épiceries. Des boulangeries. Des magasins.

Hier matin, quand on tuait les copains, ces gens flânaient ainsi sur les trottoirs ; le boucher pesait la ration de viande. Un enfant était peut-être malade dans son lit, il avait la figure rose, la mère inquiète le regardait. L'Italien[2] aussi sur la route, sa figure est devenue rose, la mort lui entrait doucement dans la figure et il ne savait comment se tenir pour avoir l'air naturel. La mère maintenant nous regarde peut-être passer :

1. **Wernigerod** : ville allemande.

2. **L'Italien** : un détenu italien exécuté par les SS.

des prisonniers. Il y a cinq minutes on nous ignorait ; ce matin aussi, et nous avions peur et des copains voyaient leur mère, et cette mère ici regarde et ne voit rien. Solitude de cette petite ville, dans la torpeur[1], après l'alerte. Ils perdent la guerre, leurs hommes meurent, les femmes prient pour eux. Qui est-ce qui les voit déchirés par les obus et qui voyait hier, dans le Hartz[2], ceux qu'on venait de mitrailler sous les arbres ; qui voit le petit enfant à figure rose dans son lit et voyait hier l'Italien à figure rose sur la route ; qui voit les deux mères, la mère de l'enfant et celle de l'Italien à Bologne[3], et qui referait l'unité de tout ça, et expliquerait ces distances énormes, et ces similitudes ? Mais tout le monde peut voir.

Tant qu'on est vivant on a une place dans l'affaire et on y joue un rôle. Tous ceux qui sont là, sur le trottoir, qui passent en vélo, qui nous regardent ou ne nous regardent pas, ont un rôle, qu'ils jouent, dans cette histoire. Tous, ils font quelque chose par rapport à nous. On a beau foutre des coups de pied dans le ventre des malades, ou les tuer, obliger des types qui ont la chiasse à rester enfermés dans une église et les fusiller ensuite parce qu'ils y ont chié, gueuler pour la millionième fois *alle scheisse, alle scheisse*, il y a entre eux et nous une relation que rien ne peut détruire. Ils savent ce qu'ils font, ils savent ce qu'on fait de nous. Ils le savent comme s'ils étaient nous. Ils le sont. Vous êtes nous-mêmes ! On regarde chacun de ces êtres qui « ne sait pas », on voudrait s'installer dans chaque conscience qui voudra n'avoir aperçu qu'un morceau de tissu rayé, ou une file d'hommes, ou une figure barbue, ou le SS martial[4] qui est en tête. On ne nous connaîtra pas. Chaque fois qu'on traverse une ville, c'est un sommeil d'hommes qui passe à travers un sommeil d'hommes. C'est cela l'apparence. Mais nous savons tout, les uns et les autres et les uns des autres.

1. Torpeur : somnolence, assoupissement.
2. Le Hartz : massif montagneux d'Allemagne.
3. Bologne : ville d'Italie.
4. Martial : d'allure militaire, brutale.

Les marches de la mort

Les marches de la mort désignent les évacuations de camps imposées aux déportés par les nazis à l'approche des Alliés dès l'été 1944. Affaiblis par les privations et les maladies, parfois exécutés au cours des marches, des déportés moururent alors par dizaines de milliers. Ces marches firent partie de la politique d'extermination nazie.

2 • Une soumission aux ordres

Des ordres criminels, légaux mais non légitimes (c'est-à-dire injustes), notamment en temps de guerre, posent un dilemme moral aux citoyens : faut-il obéir à la loi ou à sa conscience ? Quand des individus choisissent l'objection de conscience ou que des groupes mènent des actions de désobéissance civile, d'autres préfèrent se soumettre et commettre des crimes.

DOC. 8

Frédéric Gros (né en 1965), ***Désobéir*** (2017)

Dans son essai, le philosophe Frédéric Gros analyse les racines de l'obéissance aux ordres, notamment lorsque ceux-ci sont injustes. Il s'intéresse notamment au cas de soldats nazis responsables de crimes contre l'humanité. Dans l'extrait suivant, il s'appuie sur l'ouvrage d'un historien de la Shoah, Christopher Browning, évoquant des Einsatzgruppen.

Dans son livre – controversé – sur *Des hommes ordinaires*, Christopher Browning retrouve et interroge un bataillon d'individus chargé, dans le cadre de la Solution finale, du massacre de Juifs dans des petites villes de Pologne. On ne trouve pas là des nazis encartés, engagés et fanatisés[1], mais

1. L'auteur indique que les soldats de ce bataillon ne sont pas des nazis convaincus, adhérents du parti nazi et foncièrement antisémites, mais des citoyens « lambda », quelconques.

des réservistes, des rappelés, âgés en moyenne d'une quarantaine d'années, de condition modeste, le plus souvent pères de famille, ouvriers ou petits employés. Une scène terrible ouvre le livre (chap. 1, *Un beau matin, à Jozefow*). Début juillet 1942, le bataillon est envoyé dans la ville de Jozefow. Sa mission : sur une population juive de 1 800 individus, retenir 300 hommes valides et tuer tous les autres (femmes, vieillards, enfants, malades). Quand le commandant Trapp prend connaissance des ordres, il est saisi d'effroi. En « bon officier » pourtant, il accepte sa mission, rassemble tous ses hommes (quelques centaines), et les met en position de choisir. Après avoir d'une voix un peu tremblante exposé le contenu de la mission, il demande à ceux qui la refuseraient de bien vouloir faire un pas en avant, en indiquant qu'ils ne seront pas sanctionnés.

Moment crucial[1] : chacun sans doute regarde l'autre, évalue, attend quelque chose comme une affirmation collective. Une petite dizaine seulement se détache du groupe pour manifester un refus. Pas assez. Les autres demeurent pris dans la glu des autres, empêchés par le boulet invisible et pesant de l'inertie[2] collective, prisonniers de la masse, pris dans la nasse[3], chacun captif de ces « autres » qui n'existeraient pas sans chacun d'entre eux. S'agissait-il seulement de *désobéir*, alors même que le commandant avait prévenu qu'aucune sanction ne serait prise ? Faut-il en conclure que la « barbarie » nazie, la « démence » totalitaire se sont plus nourries du conformisme des soldats que de leur fanatisme, plus de leur suivisme aveugle que de leur appétit meurtrier ?

1. Crucial : décisif.
2. Inertie : immobilité, inaction.
3. Nasse : à l'origine, filet de pêche.

La banalité du mal

La banalité du mal est un concept forgé par Hannah Arendt, philosophe juive allemande ayant fui l'Allemagne dès 1933. En 1961, elle est chargée par le magazine américain *The New Yorker* de couvrir le procès d'Adolf Eichmann, un des responsables nazis de la déportation des Juifs, qui se tient à Jérusalem. Face à son apparence « normale » (Eichmann n'est pas fou au sens psychiatrique) et à sa défense (il prétend n'avoir fait qu'obéir aux ordres), la philosophe propose cette expression. Elle bat ainsi en brèche l'idée selon laquelle les crimes nazis s'expliqueraient simplement par la « barbarie » et la folie meurtrière, et invite à se demander comment l'horreur n'est pas étrangère à la civilisation, mais peut en être un produit.

3 • Une idéologie antisémite

L'antisémitisme puise son origine dans l'Antiquité, puis dans la rivalité religieuse entre judaïsme et christianisme, et entre judaïsme et islam. À partir du Moyen Âge, les politiques d'expulsion et de discrimination des Juifs sont fréquentes en Europe. Par exemple, en France, on interdit aux Juifs d'exercer l'agriculture et de posséder des terres, et on les oblige à porter sur leurs habits une rouelle (cercle d'étoffe de couleur). Alors que la Révolution française, dans un souci d'égalité, fait des Juifs des citoyens à part entière, le régime de Vichy les prive de leurs droits. Comme tout racisme, l'antisémitisme repose sur le rejet d'un groupe et sur la valorisation d'un autre. Ainsi les nazis ont multiplié les discours, les récits et les œuvres fondés sur une soi-disant supériorité de la « race aryenne ».

L'idéologie

Le terme « idéologie » est chargé d'histoire et de connotations négatives. De façon neutre, on pourrait le définir comme un système de croyances, d'idées, de représentations et de valeurs partagées par les membres d'une collectivité. Ce sont Marx et Engels, au XIXe siècle, qui ont contribué à forger le sens moderne d'une vision du monde coupée du réel et d'un point de vue situé politiquement et socialement (ils y voyaient l'expression d'une « conscience de classe »).

DOC. 9 **Johann Chapoutot** (né en 1978), ***La Révolution culturelle nazie*** (2017) © Éditions Gallimard

L'historien Johann Chapoutot explique son intention au début de son essai : il cherche à comprendre pourquoi les nazis en sont venus à commettre un génocide. Il s'inscrit ainsi dans la démarche de l'écrivain et ancien déporté Primo Levi, qui écrit dans Si c'est un homme *qu'il souhaiterait revoir l'un de ses bourreaux.*

Et il [Primo Levi] affirme souhaiter le revoir, non pour se venger, mais pour satisfaire sa « curiosité de l'espèce humaine ».

Primo Levi, la victime, accomplit donc ce geste superbe auquel le bourreau, le criminel, se refuse : accorder à autrui le crédit de l'humanité, d'une appartenance à l'espèce humaine et d'une « intériorité ».

C'est ce que, en historien, nous souhaitons faire également. En tentant de répondre à la question du *warum*[1], on va de surprise en surprise. On se rend compte que la « folie du IIIe Reich » fut, pour les acteurs des crimes nazis, tout autre chose qu'une folie : l'obéissance à des ordres donnés dans les règles de la chaîne hiérarchique, des actes de défense du Reich et de la race, une nécessité historique répondant à une menace biologique sans précédent.

Nous avons montré ailleurs que les crimes nazis étaient normés, qu'ils répondaient à une normativité très argumentée et très élaborée. Nous souhaitons compléter et, pour ce qui nous concerne, clore le dossier ici en montrant que pour déployer ses potentialités criminelles, le nazisme se voulut une *révolution culturelle*. [...] [N]ous avons voulu montrer l'unité d'une recherche de longue haleine sur le phénomène nazi qui fut, outre une invraisemblable série de crimes, un récit et un corpus normatif[2]

1. *Warum* : pourquoi, en allemand.
2. Corpus normatif : dans ce paragraphe, à travers l'idée de « norme », l'historien veut dire que les crimes nazis étaient organisés et répondaient à un ensemble de lois et de règlements. Le corpus désigne ici un ensemble de textes juridiques.

– récit et normes qui visèrent à faire accepter aux acteurs de ces crimes que leurs actes étaient légitimes et justes.

Le récit, c'est la vision nazie de l'histoire, suturée[1] d'angoisse biologique et tissée d'avertissements apocalyptiques. À en croire cette « vision du monde », la race germanique est, depuis les origines, aliénée et dénaturée par des influences culturelles et biologiques venues d'ailleurs, qui la détruisent à petit feu et vont bientôt la faire disparaître. Ce récit relit au prisme de la biologie raciale tous les épisodes de l'histoire de la « race », depuis la Grèce antique jusqu'à la République de Weimar, en passant par la fin de l'Empire romain, l'évangélisation chrétienne, l'humanisme, la Révolution française et la Grande Guerre[2].

La norme, c'est le corpus d'impératifs qui est induit de cette histoire : il faut désormais agir, et vite, pour éviter à la race germanique ce sort funeste. Les nazis sont conscients que ce qu'ils prônent[3] heurte et choque des consciences éduquées, depuis des siècles, selon les préceptes chrétiens, kantiens, humanistes et libéraux[4]. Tout en haut de la hiérarchie nazie, dans des sphères où l'on se considère comme une élite intellectuelle et une avant-garde morale, on s'inquiète des obstacles si nombreux qui restent à lever dans les intelligences allemandes : le « sentimentalisme », la « mièvrerie », l'« humanitarisme » sont fustigés[5] par les Hitler, Goebbels, Himmler, Bormann[6]… […]

---

1. Suturée : ici, marquée par.
2. Grande Guerre : Première Guerre mondiale (1914-1918). Dans cette phrase, l'historien énumère les grands épisodes historiques revisités par les idéologues nazis
3. Prônent : défendent, mettent en avant.
4. Préceptes chrétiens, kantiens, humanistes et libéraux : l'historien énumère ici les grands courants culturels auxquels s'oppose l'idéologie nazie, dont le courant philosophique issu de Kant et de l'époque des Lumières, qui place la conscience morale au-dessus de tout.
5. Fustigés : critiqués, dénoncés.
6. Hitler, Goebbels, Himmler, Bormann : Johann Chapoutot énumère les principaux responsables et idéologues nazis, Hitler, mais aussi Goebbels, ministre de la Propagande, Himmler, chef de la SS plusieurs fois mentionné par Jean Cayrol, et Bormann, secrétaire particulier de Hitler.

Pour pouvoir agir, malgré les siècles d'aliénation[1], malgré les phases de dénaturation, il fallait opérer, sur le corps et l'âme du peuple allemand, une révolution culturelle, au sens prérévolutionnaire[2] du terme : il faut revenir à l'origine, à ce qu'était l'homme germanique, son mode de vie et son attitude instinctuelle à l'égard des êtres et des choses, afin qu'il soit sauvé.

IMAGE 3

Christian Boltanski (1944-2021), *Personnes* (2010)

Personnes *est une installation de Christian Boltanski, exposée au Grand Palais à Paris en 2010. À l'image de l'ensemble de son œuvre, elle est marquée par les thèmes de la disparition, de la fragilité humaine et de la mémoire, individuelle et collective. Christian Boltanski est né en 1944, et son père, juif, a été contraint de vivre caché pendant une partie de la guerre.*

L'œuvre est reproduite en couleurs sur le rabat arrière de la couverture.

Lire l'image

- Au premier plan, sous la coupole en fer, apparaît un immense tas de vêtements, surmonté d'une grue rouge qui en saisit aléatoirement certains. À ses pieds, se tiennent des visiteurs de l'exposition. Au second plan à gauche, on devine d'autres tas de vêtements disposés en rectangles, bordés par quatre haut-parleurs chacun. Ceux-ci diffusent des enregistrements sonores de battements de cœurs humains. Au fond, on distingue un mur, composé de boîtes à biscuits rouillées, numérotées.

1. **Aliénation** : ici, fait de devenir étranger à soi-même.
2. **Prérévolutionnaire** : au sens d'avant la Révolution française. Avant 1789, la « révolution » signifiait ainsi le retour à l'origine (après, le mot a signifié au contraire le bouleversement et le progrès, social et politique).

• Le tas central évoque les montagnes d'effets personnels des déportés assassinés dans les chambres à gaz (• PHOTOGRAMME 4, p. 41 ET POINT D'ÉTAPE 4, p. 42). De plus, les voûtes du Grand Palais peuvent rappeler un hall de gare et symboliser ainsi la déportation. Enfin, les boîtes évoquent à la fois des archives individuelles et l'anonymisation des camps.

• La déshumanisation est suggérée par ces différents objets abandonnés, contrastant avec le titre ambivalent de l'installation, *Personnes*. La grue rouge peut quant à elle représenter plusieurs choses: les aléas des destins humains, mais aussi la cruauté désincarnée et aveugle des bourreaux.

CONCLUSION

L'existence des camps de concentration et des centres de mise à mort, créés par le régime nazi entre 1933 et 1945, mettent à mal la notion d'humanité. Les récits des survivants publiés, juifs et résistants, ont cherché à rendre compte des violences commises et à transmettre ce que l'horreur avait produit sur eux, et qui semblait pourtant excéder les pouvoirs du langage et de la littérature. Parfois, à l'instar de David Rousset, de Primo Levi ou de Robert Antelme, ils ont même tenté d'analyser un système ou de sonder la psychologie. Les historiens et les philosophes ont retracé les étapes et les fonctionnements de ces crimes contre l'humanité mais aussi décrit les ressorts de la responsabilité individuelle et collective. D'autres, artistes, ont mobilisé le cinéma, la bande dessinée ou les installations pour représenter la violence, et ainsi toucher et faire réfléchir les spectateurs. Ainsi, si toutes ces œuvres évoquées nous parlent aujourd'hui, c'est non seulement comme «documents» ou «études» d'une période précise et révolue, mais aussi comme «symboles» de la violence extrême dont les êtres humains sont toujours capables. Comme le souhaitaient Alain Resnais et Jean Cayrol, elles ne sont pas censées nous pétrifier mais nous interpeller.

Bilan de *lecture*

Nuit et Brouillard

Le point en 12 questions

Le contexte historique et culturel

1. Que signifie le titre de l'œuvre, *Nuit et Brouillard* ?

2. Qui est Jean Cayrol ? Pourquoi et comment a-t-il participé au film d'Alain Resnais ?

3. Pourquoi le film a-t-il fait scandale à sa sortie en 1956 ?

La structure de l'œuvre

4. En quoi l'introduction et la conclusion du film se répondent-elles ?

5. Quelles sont les trois dates qui structurent le texte et à quoi renvoient-elles ?

Caractéristiques clés

6. Pourquoi certaines parties du film sont-elles en couleur et d'autres en noir et blanc ?

7. Comment appelle-t-on le mouvement de caméra caractéristique de *Nuit et Brouillard* ? Dans quel passage marquant le trouve-t-on par exemple ?

8. Dans quelle mesure peut-on dire que le ton du commentaire est neutre ?

9. Quels pronoms personnels Jean Cayrol utilise-t-il pour impliquer le spectateur ? Quel effet cela crée-t-il ?

Écrire et représenter la violence des camps

10. Montrez que le film utilise différents types de représentations : certaines images exposent directement la violence, tandis que d'autres la suggèrent.

11. En quoi *Nuit et Brouillard* interroge-t-il les limites de l'expression, par les mots et par l'image ?

12. Le but d'Alain Resnais et de Jean Cayrol est-il seulement de dénoncer la violence des camps de concentration et des centres de mise à mort ? Justifiez votre réponse.

DOSSIER

FICHE 1

La représentation de la violence à l'écran

Quels sont les choix artistiques d'Alain Resnais pour montrer la violence exercée par les nazis dans les camps de concentration et les centres de mise à mort ?

I • Le choix de la couleur et du mouvement

1 L'alternance de la couleur et du noir et blanc

• En 1955, tourner un film en couleur est un **procédé encore récent et coûteux**. C'est d'autant plus rare pour un documentaire censé reposer principalement sur des images d'archives, alors même que la couleur évoquait la fantaisie. C'est donc un choix fort opéré par Alain Resnais et soutenu par son producteur.

• Grâce aux plans en couleur tournés dans les camps de Pologne, Alain Resnais ancre **son film dans le présent**. Il refuse ainsi un « romantisme cinématographique » qui se contenterait de rejeter l'horreur des camps dans un passé révolu. Les premiers et les derniers plans notamment doivent **impliquer et inquiéter le spectateur**.

• Le noir et blanc est le plus souvent réservé aux images d'archives, qui créent une **sorte de flash-back** après la visite des lieux en couleur. Mais le cinéaste a lui-même tourné des plans en noir et blanc pour **conserver une distance** : c'est le cas des plans d'objets ayant appartenu aux déportés assassinés et des restes humains (cheveux) provenant de l'exposition de la rue d'Ulm et du musée d'Auschwitz.

2 L'alternance de plans fixes et de travellings

• *Nuit et Brouillard* mêle **plans fixes**, principalement sur des photographies d'archives, et **séquences en mouvement**, composées de travellings tournés par Alain Resnais ou de films d'archives (départ des convois de déportés à Westerbork, scènes tournées à la libération des camps avec des déportés dans le Revier et le block chirurgical, ensevelissement des cadavres par les Alliés, extraits de procès).

• Les travellings de *Nuit et Brouillard* constituent la **signature esthétique** d'Alain Resnais. Le plus souvent, ils accompagnent la visite en couleur des lieux, et **symbolisent le mouvement du regard** : celui de l'équipe du cinéaste et, par-delà, du spectateur, parcourant et découvrant les camps.

• Ils créent un **rythme,** une **lenteur nécessaire**. Dans certaines scènes éprouvantes, comme celle de la chambre à gaz ou celle de la montagne de cheveux, les travellings marquent à la fois un temps de « **réalisation** » de l'horreur pour le spectateur et une forme de pudeur, « d'imploration » (François Niney) vis-à-vis des millions de victimes. C'est pourquoi le travelling n'est pas seulement un artifice technique, il revêt une dimension éthique.

Les travellings, « une affaire de morale » ?

En 1961, le film de fiction *Kapo*, de Gillo Pontecorvo, suscite la critique du cinéaste Jacques Rivette. Celui ci juge « abject » le travelling sur le cadavre de l'héroïne, Édith, déportée devenue kapo, se suicidant sur des barbelés. Cette polémique, qui a fait date dans l'histoire du cinéma, est toujours d'actualité pour réfléchir à la façon dont la technique choisie reflète une vision du monde, une idée, une morale.

II • Un montage efficace

1 Un montage chronologique

• Le film suit une **construction claire et progressive**. La **partie centrale**, qui revient sur l'organisation des camps et la mise en place de l'extermination de masse, est encadrée par un **prologue** et un **épilogue** ancrés dans le présent du tournage. Ainsi le passé est « réactualisé », pour susciter une réflexion : il ne s'agit pas simplement d'informer les spectateurs.

• Trois **dates clés** scandent le commentaire et servent de repère à l'histoire du nazisme : **1933**, **1942**, **1945**. Dans la partie centrale, on peut distinguer les **différents épisodes du parcours des déportés**, du départ des convois au quotidien des camps, puis de la torture à la mise à mort.

• Le déroulement du film est également marqué par une **gradation dans la violence** des images produites. Si le dépouillement des déportés est montré d'emblée à l'entrée du camp (● FILM, 7'52"), les images les plus dures et frontales n'interviennent qu'à partir de la seconde moitié du film.

2 Une introduction et un épilogue marquants

• Le **diptyque** formé par le prologue et l'épilogue **interpelle les spectateurs**. D'une part, notre regard épouse le mouvement de la caméra qui découvre les ruines du camp. D'autre part, le texte mentionne plusieurs fois un « nous », faisant référence tantôt à l'équipe de tournage (l. 14), tantôt à l'ensemble des observateurs du camp (l. 266).

• Le film est marqué par une **forme d'inachèvement**. Après les extraits de procès, la caméra revient à Birkenau et aux restes des crématoires ; Alain Resnais a abandonné le projet initial de filmer des ruines en train de s'éloigner. Ainsi, on ne sort pas du camp ; le passé n'est pas passé.

3 Une musique saisissante

• Initialement, les images de *Nuit et Brouillard* devaient être accompagnées par *Le Chant des marais*, composé par les premiers concentrationnaires allemands en 1933, puis devenu au fil des années hymne de la résistance dans les camps.

• La bande-son créée par Hanns Eisler, sans parole et souvent douce, **suscite le malaise**. Elle est composée de quatre thèmes musicaux. Les deux principaux forment un **contraste avec la violence évoquée** : la mélodie funèbre pour cordes présente dans le générique de début, la séquence de la chambre à gaz et le final, et le duo de flûte et de clarinette présent dans la scène d'empilement des corps. Les deux autres, plus martiaux, avec des cuivres et des percussions, accompagnent par exemple les images du défilé nazi et des rafles.

III • Des images qui inquiètent

1 Le pouvoir des images mis en question

• On peut distinguer plusieurs **régimes de représentation de la violence**, de l'exposition frontale à la suggestion. *Nuit et Brouillard* **documente de**

façon explicite l'horreur des camps (plan de l'homme sur des barbelés, cadavres mutilés ou empilés). Mais le film est au moins aussi mémorable pour ses **images évocatrices**, traces laissées à l'imagination du spectateur (travellings des châlits ou de la montagne de cheveux de femmes).

• Le cinéaste éprouve **les limites de la représentation**. D'abord, les images peuvent prendre le relais des mots, quand ceux-ci se heurtent à l'indicible : c'est le cas dans la dernière partie du film (● POINT D'ÉTAPE 4, p. 42). Lors de ces moments, la musique d'Hanns Eisler soutient les images. Ensuite les images peuvent elles-mêmes « s'arrêter », par manque d'archives, ou par choix. C'est le cas dans la séquence des bouches d'aération devant le block 11. Tout le film se tient dans un entre-deux à la fois visuel et éthique : dans les camps et sur le seuil.

2 Quand les images regardent le spectateur

• Parmi les images frappantes du film, on retiendra celles des déportés qui **semblent regarder le spectateur de leurs yeux écarquillés**. Trois en particulier jalonnent le film : celle du visage en gros plan sur lequel s'ouvre la présentation du camp (« Premier regard sur le camp : c'est une autre planète », l. 47), celle du déporté moribond sur un châlit (« À la fin, tous les déportés se ressemblent », l. 160) et enfin celle du groupe attendant derrière des barbelés, à la libération des camps (« Les déportés regardent sans comprendre », l. 246, et rabat avant de la couverture).

• De cette confrontation au regard des déportés, découlent deux **gestes éthiques** du cinéaste. Le premier consiste en un **réquisitoire** : le film n'a pas seulement valeur de document mais aussi de mise en accusation. Le spectateur passif est transformé peu à peu en acteur responsable, amené à s'interroger. Le deuxième geste, complémentaire, est celui du **doute** : les travellings apportent ainsi une sorte de « tremblement » symbolisant le questionnement moral du commentateur pudiquement bouleversé, et partant, du spectateur.

La querelle des images

En 1979, alors qu'il tourne son documentaire *Shoah*, Claude Lanzmann affirme qu'un « certain absolu d'horreur est intransmissible » : on ne peut pas, et on ne *doit* pas tout montrer. Jusqu'à nos jours, des fictions au grand succès public (*Holocauste, La Liste de Schindler, La Vie est belle, Le Fils de Saul, La Zone d'intérêt...*) relancent le débat de la représentation du génocide des Juifs.

FICHES
SUJETS DE BAC
LECTURE CURSIVE
OUTILS

FICHE 2

Les choix de Jean Cayrol dans le commentaire

Comment le texte accompagne-t-il la violence des images ? Par quels moyens le poète Jean Cayrol, rescapé de Mauthausen, communique-t-il son expérience ?

I • Un témoignage paradoxal

1 Une voix neutre

• Pour le spectateur, *Nuit et Brouillard* est indissociable de la **voix « blanche »** de l'acteur Michel Bouquet (1925-2022). Celui-ci a raconté le difficile « travail de sape de l'émotion » demandé par Alain Resnais, afin de lire de la façon la plus neutre possible le texte écrit par Jean Cayrol.

• Ce ton dépassionné est produit dans le texte par un **effacement apparent de la subjectivité**. Le pronom personnel « je » n'apparaît qu'une seule fois, à la fin (l. 252) : l'écrivain ne parle pas en son nom propre, ni en tant que rescapé, mais comme membre de l'équipe du film. De plus, de **nombreuses phrases, brèves, déclaratives**, parfois nominales, semblent se borner à constater l'horreur (● POINT D'ÉTAPE 1, p. 24).

• La distance et la sobriété affichées par le narrateur résultent d'un **choix éthique** de l'auteur. Par respect envers les victimes, il s'agit de ne pas surenchérir dans l'horreur. De plus, le but n'est pas d'apitoyer mais d'amener les lecteurs à tirer leurs propres conclusions. En outre, tout comme les images colorées et banales des camps font surgir **la violence par contraste**, le ton neutre rend plus insupportables les exactions relatées.

2 Une énonciation collective

• Dans une version antérieure du synopsis, le récit devait être raconté par plusieurs témoins, comme un chœur tragique. Même s'il est devenu un **monologue**, le texte de Jean Cayrol porte la trace d'une **expérience commune**. Ainsi, deux énumérations de noms de personnes puis de lieux esquissent la diversité des déportés (p. 22). Néanmoins, la spécificité du génocide des Juifs est gommée, au profit d'une universalisation des victimes. Ainsi le pronom indéfini « on » symbolise régulièrement les déportés (voir passage du « marché clandestin », p. 32).

• L'**usage des pronoms est instable**. Le « on » réfère ainsi également plusieurs fois aux bourreaux (dans le passage de la mise en place du nazisme, « On se met au travail » l. 16, ou la séquence de la chambre à gaz, « On fermait les portes. On observait », l. 219). À la fin, le narrateur va jusqu'à inclure dans un « nous » coupable (p. 40) le lecteur-spectateur. Celui-ci est déstabilisé, pris entre plusieurs identifications inconciliables.

II • Un récit réquisitoire

1 Une volonté de démonstration

• Le commentaire de Jean Cayrol s'apparente souvent à une écriture de la notation. Il s'agit de rendre compte des traces des camps et de donner à comprendre leur organisation. Cette **dimension explicative** est perceptible dans les mentions de temps et de lieux rythmant le texte (« Ces blocks en bois, ces châlits », l. 62 ; « Cinq heures, rassemblement sur l'appel-platz », l. 80), ainsi que dans le lexique des camps (kapo, block, Revier, etc.).

• Le texte vient souvent « **légender** » les images, par exemple dans l'énumération des espaces singuliers de chaque camp (p. 31). Régulièrement, le narrateur désigne les images elles-mêmes, à l'aide de déterminants démonstratifs (« Trois mille Espagnols sont morts pour construire cet escalier [...] », l. 87 ; ou « Ces images sont prises quelques instants avant une extermination », l. 213). Comme un guide, il nous montre ce qu'il faut voir. Il fait de l'image filmée une **preuve au service de la dénonciation** des crimes nazis.

• Une fausse simplicité émane de ces choix d'écriture. Si les phrases courtes, parfois oralisées (« Il y a », « C'est », répétitions), créent une proximité entre le narrateur et le lecteur, l'absence fréquente de transitions entre les phrases et entre les paragraphes demande au lecteur un **effort d'interprétation**.

2 Une ironie implacable

• Le plus souvent, l'ironie du texte relève du **décalage** entre les termes choisis (« tout simplement », l. 5) et la réalité terrible qu'ils désignent,

Les exemples les plus évidents concernent les « styles » de camps au début du texte (l. 21). Ce décalage répond à la **parodie de normalité** orchestrée par les nazis.

• L'ironie sert donc à **dénoncer le cynisme et la cruauté** des nazis. Elle donne à entendre leur langage, qui masque la réalité (ainsi de « l'hôpital », qui devrait plutôt s'appeler « mouroir », l. 154) dans une politique planifiée d'étouffement des crimes. Elle **vise aussi l'indifférence** des acteurs, voire des témoins ordinaires, symbolisée par les ruines en couleurs joyeuses des travellings, et le « petit air de carte postale » du crématoire (l. 205).

• Enfin, plus douloureusement, l'ironie porte sur le projet du documentaire et **met en doute** sa capacité à transmettre quelque chose aux spectateurs : « On la [la voie de Birkenau] parcourt lentement, à la recherche de quoi ? De la trace des cadavres qui s'écroulaient dès l'ouverture des portes ? » (l. 40-42).

L'ironie comme arme littéraire

Le registre ironique a souvent été utilisé par les écrivains pour dénoncer l'inhumanité. C'est le cas de Voltaire décrivant la guerre dans *Candide* (1759) et d'Imre Kertész décrivant les camps nazis dans *Être sans destin* (1997) : les deux romanciers imaginent un héros jeune et naïf pour mieux faire percevoir la cruauté du monde autour.

III • L'émotion en sourdine

1 Des demi-silences

• Dans la dernière partie, **le texte bute sur l'indicible** (● POINT D'ÉTAPE 4, p. 42). Les images montrent alors ce que les mots échouent à dire : la sélection des déportés à l'arrivée, l'utilisation de leur peau pour fabriquer des objets, la découverte des charniers. Les paroles du narrateur, « suffoquées » (Sylvie Lindeperg), trahissent son **bouleversement**.

• L'émotion est aussi perceptible dans des **tournures brèves ou négatives**. Des phrases courtes semblent jaillir comme des cris, isolées entre deux blancs : « Les bouches d'aération ne retiennent pas le cri » (l. 198), « Ils attendent que la boue, la neige, les prennent » (l. 103), « Neuf millions de morts hantent ce paysage » (l. 260). Des expressions négatives (« qu'on ne reverra plus » ou « dont on ne saura jamais rien », l. 140-142) évoquent également la douleur de la disparition. La brièveté est ici synonyme de **pudeur**, d'**hommage**.

• Le texte est souvent au **bord de la prétérition**, quand il énonce l'inutilité voire l'impossibilité de décrire l'horreur, tout en la disant quand même. Les termes « en vain » (l. 60) et « Inutile de décrire » (l. 194) expriment à la fois la difficulté et la nécessité du narrateur de s'exprimer. Ce paradoxe renvoie au **dilemme du survivant**, formulé par Élie Wiesel : « se taire est interdit, parler est impossible ».

2 Un lyrisme discret

• Dans les passages qui accompagnent les travellings en couleur, les phrases deviennent plus **amples, longues, rythmées** par des anaphores (« même », « nous » dans la première et la dernière phrase du texte) traduisant **l'expressivité du narrateur**. Certaines sont marquées par des gradations (« Le sang a caillé, les bouches se sont tues, les blocks ne sont plus visités que par une caméra », l. 10), qui donnent une **intensité dramatique** à la parole proférée. Ces phrases forment une **alternance rythmique** avec les phrases courtes du reste du texte. On peut y rattacher les énumérations de personnes (l. 25-26) qui rendent hommage, solennellement, aux disparus.

• Enfin, les **métaphores** finales donnent une **dimension symbolique à l'ensemble du texte**. La maladie et la monstruosité servent à désigner la guerre et le système concentrationnaire (p. 40) tandis que le marais de Birkenau sert de comparant à la mauvaise conscience des sociétés (l. 252-254). Ces images littéraires invitent à relire le titre même de *Nuit et Brouillard*, qui représente alors à la fois l'extinction de l'humanité et la perte des repères moraux.

Une « sorte de honte à l'égard de la forme »

Du philosophe allemand Theodor W. Adorno (1903-1969), exilé sous le nazisme, on retient souvent la déclaration : « Après Auschwitz, écrire un poème est barbare. » Cette formule n'invite pas tant les écrivains au silence qu'à réfléchir à leur façon d'écrire, à choisir une forme qui ne « fasse pas joli » mais rende justice à ce dont ils parlent.

FICHE 3 Le traitement de l'histoire dans l'œuvre

Comment *Nuit et Brouillard* témoigne-t-il d'un récit historique en construction ?

I • Un documentaire à l'intérêt historique certain

1 L'utilisation de films d'archives

• Alain Resnais rencontre beaucoup de **difficultés à accéder aux images filmées** dans les camps de concentration. Les services cinématographiques des armées françaises et britanniques, ne souhaitant pas offenser les autorités allemandes, lui refusent l'accès ou l'utilisation de ces images dès le début de son projet.

• Les **images du camp de transit hollandais de Westerbork** (illustrant le départ des convois) et des séquences filmées par des cinéastes britanniques lors de l'ouverture du camp de Bergen-Belsen (bulldozers poussant des cadavres) ont été transmises à l'équipe du film par l'Institut néerlandais de documentation de guerre d'Amsterdam en 1955.

• En Pologne, Alain Resnais et les historiens qui l'accompagnent sélectionnent aussi des extraits des **actualités filmées soviétiques et polonaises** de la libération d'Auschwitz et de rafles dans les villes et les ghettos de Pologne.

L'utilisation de reconstitutions filmées

Alain Resnais a été fortement influencé par le film de fiction de 1948, *La Dernière étape*, de Wanda Jukubowska. Il utilise deux plans de ce film dans *Nuit et Brouillard* pour illustrer l'arrivée des convois dans la nuit (● FILM, 6'59"-7'06"). Ce ne sont pas des documents d'archives mais des reconstitutions dont les acteurs étaient pour la plupart d'anciennes déportées polonaises.

2 L'utilisation de photographies d'archives

• La documentation iconographique de l'exposition « Résistance, Libération, Déportation » de 1954 à Paris sert de base de travail à l'équipe de *Nuit et Brouillard*. Néanmoins, c'est en Pologne que sont découverts des **clichés de la construction des camps et d'exécutions par les *Einsatzgruppen***. Certains marqueront l'histoire, comme celui de « l'enfant du ghetto » (● FILM, 4'11"), pris à Varsovie dans ce quartier liquidé par les nazis après son soulèvement en avril-mai 1943.

• Des images prises par les bourreaux eux-mêmes sont présentes dans l'œuvre d'Alain Resnais (● FILM, 21'07"-21'19"). Elles sont extraites de **« L'album d'Auschwitz »**, une série de 197 photographies prises en mai-juin 1944 par deux photographes officiels du camp. Ces clichés, illustrant l'arrivée d'un convoi de Juifs hongrois, ont été pris par des SS afin de renseigner leur hiérarchie.

Des clichés dont la rareté est encore ignorée

Nuit et Brouillard comporte une des quatre photographies prises clandestinement par un détenu des *Sonderkommandos* de Birkenau, juste après un gazage de femmes. Cette série de clichés, dont Alain Resnais ne perçoit pas alors l'extrême rareté, doit être comprise comme un acte de résistance des déportés face à la politique du secret des nazis concernant les centres de mise à mort. En 1955, elles apparaissent interchangeables avec les images, nombreuses, des camps de concentration.

II • Une « étape » dans le récit historique en construction

1 Une histoire en construction

• Les étapes du scénario sont établies par des historiens **au plus près des connaissances de l'époque**. Olga Wormser réutilise ainsi ses recherches sur le rôle de la main-d'œuvre déportée dans l'économie du Reich. *Nuit et Brouillard* apparaît donc comme l'ébauche d'une première thèse sur l'histoire du système concentrationnaire que l'historienne publiera en 1968.

• Alain Resnais retient trois dates qui suivent le parcours du déporté : **1933** (ouverture du camp de Dachau), **1942** (début de la mort « industrielle ») et **1945** (libération des camps). Lorsqu'il évoque l'année 1942,

Cayrol fait référence aux Juifs « aptes au travail » qui rejoignent les déportés politiques à Auschwitz. Cependant, si le **génocide** est montré en images, il n'est **jamais nommé**. La mention « solution finale », présente dans le scénario, a disparu du commentaire final.

• L'histoire de la destruction des Juifs d'Europe a pourtant commencé à être écrite quand sort le film, notamment au sein du **Centre de documentation juive contemporaine** (CDJC). Ouvert en 1943, celui-ci a pour mission de recueillir les preuves du génocide. Léon Poliakov, historien et cofondateur du CDJC, a déjà publié en 1951 le *Bréviaire de la haine*, première étude sur la Shoah.

2 Les « maladresses » du film au regard des connaissances actuelles

• Certaines séquences et commentaires de *Nuit et Brouillard* ont été étudiés par les historiens afin de **rétablir des vérités historiques**. Ainsi, ce que Jean Cayrol présente comme une « fausse salle de douche » à Majdanek est en réalité une vraie. De même, les corps des victimes n'ont pas été utilisés pour fabriquer du savon. Le film évoque des « essais » qui ont effectivement eu lieu mais qui n'ont pas été poursuivis. Pourtant, ces commentaires alimentent longtemps la **mémoire collective du génocide des Juifs**.

• Une histoire plus individuelle des victimes du nazisme a permis de révéler certaines **approximations** : une séquence présente une petite fille coiffée d'un foulard qui fixe la caméra (● FILM, 6'02"). Ce visage devient dans les années suivantes un des symboles du sort des Juifs. Il s'agit en fait d'une jeune Tsigane déportée en 1944.

III • Une œuvre artistique et mémorielle

1 *Nuit et Brouillard* dans la transmission cinématographique de la Shoah

• Si *Nuit et Brouillard* est le premier film français à évoquer directement le système concentrationnaire, il faut attendre les **années 1960** pour que des œuvres de fiction évoquant spécifiquement le génocide voient le jour.

• Progressivement, la figure du témoin et du survivant s'impose au cinéma pendant les **années 1980**. Claude Lanzmann leur accorde, en 1985, la première place dans *Shoah*, un documentaire de 9 heures 30. Lanzmann cherche à filmer ce que l'on ne voit plus, la disparition des Juifs d'Europe, et **ancre son œuvre dans le présent**.

***Shoah* (1985)**

Claude Lanzmann recueille les témoignages de responsables nazis, de témoins polonais et de survivants des centres de mise à mort. Il juge impossibles l'utilisation des images d'archives et l'élaboration d'œuvres de fiction sur le sujet.

2 Les usages pédagogiques de *Nuit et Brouillard*

• En **1990**, après la profanation de tombes juives au cimetière de Carpentras, *Nuit et Brouillard* est diffusé simultanément sur **six chaînes de télévision** à une heure de grande écoute. Le film, consacré à l'univers concentrationnaire, devient, malgré l'intention de son réalisateur, **un film sur le génocide des Juifs**.

• Pendant toute la **décennie 1990-2000**, *Nuit et Brouillard* est diffusé dans les **établissements scolaires** qui en font un usage pédagogique et un moyen de lutter contre le **négationnisme**. Aujourd'hui, moins projeté afin de ne pas créer de confusion sur un sujet complexe, il peut encore permettre d'observer les étapes de la persécution des Juifs (ghettoïsation, arrestation, déportation).

• *Nuit et Brouillard* est surtout utile pour étudier l'**évolution historiographique et mémorielle du génocide**. Il témoigne par exemple des difficultés que les historiens rencontrent, dans les années 1950, **à distinguer le processus concentrationnaire du processus génocidaire**. Il permet aussi de saisir les difficultés de la France à assumer le passé de la collaboration (censure de l'image du gendarme au camp de Pithiviers). Enfin, ses images montrent un **processus mémoriel en construction** à travers les images du premier « musée de la Shoah », celui d'Auschwitz-Birkenau.

Question d'interprétation littéraire

Robert Antelme, *L'Espèce humaine*

> pages 65-66, texte 7

Comment cet extrait exprime-t-il la révolte du narrateur?

pour vous aider

1 Analyser la question posée

• La notion de révolte renvoie ici au sentiment d'indignation éprouvé par le narrateur, double de Robert Antelme, face à l'indifférence des villageois qui voient passer son convoi de prisonniers lors d'une « marche de la mort ».

• L'adverbe « comment » et le verbe « exprime » invitent à réfléchir aux moyens littéraires (vocabulaire, figures de style...) utilisés par le narrateur pour transmettre ce sentiment.

2 Lire le texte et faire émerger des éléments de réponse

• Au premier abord, l'écriture du texte paraît « apaisée », alors qu'on aurait pu attendre un style véhément. On trouve une seule phrase exclamative (« Vous êtes nous-mêmes ! »), l. 36, dans un texte dominé par des phrases brèves, servant à constater ou analyser.

• Le texte insiste sur l'opposition entre le groupe des prisonniers et les villageois allemands, pour lesquels des pronoms différents sont utilisés. Cette opposition entre « on »/« eux » et « nous » est remise en question dans le dernier paragraphe au profit d'une humanité commune.

• Le narrateur fait du regard le motif central de son accusation vis-à-vis des villageois. Les répétitions nombreuses des verbes « regarder » et « voir » soulignent la responsabilité des témoins passifs.

3 Construire le plan de la réponse

> 1. Le constat incrédule de deux réalités « parallèles »

• Montrez l'opposition entre la réalité vécue par les prisonniers et celle vécue par les villageois en repérant, notamment au début du texte, les expressions renvoyant aux activités quotidiennes et celles renvoyant aux massacres.

• Repérez les principaux pronoms et expressions péjoratives qui servent à désigner les villageois, et ceux qui font référence aux « copains » du narrateur.
• Plusieurs passages exposent le sentiment d'irréalité qui nourrit la révolte du narrateur. Commentez ainsi la phrase interrogative « Qui... » (l. 18).

> 2. Un réquisitoire contre l'indifférence face à la violence

• Montrez l'omniprésence du champ lexical du regard dans le passage et commentez la différence faite par le narrateur entre « regarder » et « voir ». Étudiez également le renversement des regards entre le début et la fin du texte (qui regarde qui ?).
• Étudiez le ton accusateur du narrateur à partir de la fin du deuxième paragraphe. Observez par exemple les expressions répétées « tout le monde » et « tous » et le passage au « vous ». Notez l'importance du verbe « savoir », lui aussi répété.
• Le narrateur affirme à plusieurs reprises le lien paradoxal entre les prisonniers et les Allemands. Repérez une ou deux expressions marquantes selon vous, et commentez-les.

4 Rédiger l'introduction

[Amorce] La déportation et l'assassinat de millions de personnes perpétrés par le régime nazi pendant la Seconde Guerre mondiale ont représenté des violences inédites dans l'histoire de l'humanité. **[Présentation du texte]** Certains rescapés comme Robert Antelme dans *L'Espèce humaine*, publié en 1947, ont témoigné de leur expérience et tenté de comprendre les horreurs vécues. Dans cet extrait, le narrateur s'indigne de l'indifférence des villageois ordinaires lors d'une « marche de la mort ». **[Question posée]** Comment l'extrait exprime-t-il la révolte du narrateur ? **[Annonce du plan]** Nous verrons d'abord que le texte se présente comme le constat incrédule de deux réalités « parallèles », puis qu'il s'agit également d'un réquisitoire contre l'indifférence face à la violence.

5 Rédiger la conclusion

[Synthèse] Dans ce récit autobiographique, la révolte du narrateur s'exprime d'abord sous la forme d'un constat, celui de deux expériences que tout semble opposer. Mais le texte a aussi une dimension virulente de réquisitoire, dans lequel le narrateur rappelle à la fois la responsabilité des villageois et l'humanité qu'ils sont censés partager avec les prisonniers. **[Ouverture]** Au-delà de sa dimension de témoignage historique, le récit de Robert Antelme nous invite donc à réfléchir sur les implications morales de la condition humaine, quelle que soit notre époque.

FICHES
SUJETS DE BAC
LECTURE CURSIVE
OUTILS

Essai littéraire

Robert Antelme, *L'Espèce humaine*

> pages 65-66, texte 7

La littérature permet-elle de faire prendre conscience de la violence ?

pour vous aider

1 Analyser la question posée

• Prendre conscience signifie se rendre compte de quelque chose, mais aussi réfléchir à. C'est l'étape préalable à une possible action pour changer une situation. Ici, il s'agit de savoir si des textes peuvent éveiller la conscience des lecteurs au sujet de la violence.

• Le programme concerne la violence aux XXe et XXIe siècles ; on pense en particulier aux violences commises pendant la Seconde Guerre mondiale, dont témoignent les auteurs de la littérature des camps.

• La question peut orienter vers un plan dialectique ; cependant, il est plus intéressant de montrer comment, oui, la littérature peut favoriser une prise de conscience.

2 Chercher des idées

• En visionnant *Nuit et Brouillard*, en lisant le parcours, le lecteur peut s'informer sur les violences commises par les nazis : il se rend compte des événements produits. Mais les œuvres littéraires ne sont pas de simples documents : elles nous font aussi ressentir la violence, parce qu'elles sont écrites par des individus singuliers.

• Certains textes nous interrogent et nous font réfléchir. Comment des humains peuvent-ils considérer leurs semblables comme des « sous-hommes » ? Comment une société peut-elle en arriver là ? Quelle responsabilité porte chacun ?

• Enfin, les exemples de résistance à la violence dans les textes permettent aussi d'envisager une autre vision de l'humanité.

3 Construire le plan de la réponse

> 1. La transmission d'une expérience humaine

• La littérature, particulièrement dans le cas de la littérature des camps, peut témoigner d'expériences singulières, inconnues ou méconnues du lecteur. Celui-ci se renseigne ainsi sur des réalités presque inimaginables.

• Le témoignage singulier d'une œuvre appelle l'empathie du lecteur, qui ressent de l'émotion, en l'occurrence de la pitié pour les victimes rescapées. Choisissez dans le parcours un exemple de texte qui vous a particulièrement marqué·e.

> 2. Une incitation à l'analyse des violences

• La littérature n'est pas toujours synonyme d'émotion; elle peut favoriser la réflexion. Appuyez-vous sur le texte de Robert Antelme pour affirmer cette dimension analytique.

• Au-delà de leur caractère historique, certaines œuvres cherchent à interpeller le lecteur, au présent, sur la permanence de la violence, et à dénoncer celle-ci. C'est le cas de *Nuit et Brouillard*, dans lequel le narrateur s'adresse directement au lecteur.

> 3. Une résistance à la violence

• Les œuvres des camps montrent des exemples de résistance à la terreur, de *Nuit et Brouillard* à *Si c'est un homme*. Elles font ainsi réfléchir le lecteur aux moyens de lutter contre la violence.

• Parfois, l'acte d'écrire lui-même constitue une résistance à la violence. C'est ce qu'exprime Élie Wiesel quand il dit avoir écrit *La Nuit* pour « empêcher l'ennemi de remporter une victoire posthume » (● PARCOURS LITTÉRAIRE, p. 55).

4 Rédiger l'introduction

[Amorce] Depuis *L'Iliade* d'Homère, composée au VIIIe siècle av. J.-C., les écrivains ont écrit sur la violence exercée par les humains les uns contre les autres, notamment dans le cas de guerres. Au XXe siècle, la littérature des camps témoigne de formes de violence inédites, exercées par le régime nazi, que le droit international a qualifiées de « crimes contre l'humanité ». **[Question posée]** On peut alors se demander si la littérature permet de faire prendre conscience de la violence, c'est-à-dire d'éveiller la réflexion du lecteur au sujet de ces crimes. **[Annonce du plan]** Nous défendrons la thèse affirmative, en analysant les moyens singuliers de la littérature : d'abord, nous montrerons que les textes littéraires transmettent une expérience humaine des violences, ensuite, qu'ils peuvent permettre d'analyser celles-ci, et enfin qu'ils proposent parfois une résistance à la violence.

5 Rédiger la conclusion

[Synthèse] La littérature nous permet de prendre connaissance et de ressentir des violences vécues par d'autres; elle peut nous fournir des pistes de réflexion et de compréhension sur les mécanismes de la violence; enfin, elle nous offre parfois des contre-modèles de résistance. Comme l'ont montré des œuvres issues de la littérature des camps, la littérature peut ainsi nous faire prendre conscience de la violence. **[Ouverture]** Elle peut même constituer un puissant outil de libération; Kafka, l'auteur du *Procès*, n'affirmait-il pas qu'« écrire, c'est sauter hors du rang des assassins » ?

La *lecture cursive* dans l'épreuve orale

Français 1re

Présenter *Nuit et Brouillard*

Présentez brièvement l'œuvre que vous avez retenue et exposez les raisons de ce choix.

Cette présentation (3 min.) sera suivie d'un entretien (5 min).

> *Pour la méthode, reportez-vous aux fiches pages 95-98.*

1. PRÉSENTATION. Présenter les auteurs et le contexte

pour vous aider

Les auteurs

• Aidez-vous des présentations du cinéaste et de l'écrivain, p. 8-9, pour expliquer les raisons de la collaboration d'Alain Resnais et de Jean Cayrol en deux phrases.
• N'oubliez pas d'expliquer que la réalisation de *Nuit et Brouillard* constitue un travail d'équipe.

Le contexte

• Appuyez-vous sur les fiches des pages 6 à 14, dans l'avant-texte.
• Insistez sur la double intention de documenter l'histoire récente des camps et de faire réfléchir le spectateur à la violence toujours présente.
• Évoquez éventuellement la postérité du film, au-delà de sa sortie.

2. PRÉSENTATION. Exposer les caractéristiques clés de l'œuvre

pour vous aider

• Commencez par rappeler qu'il s'agit d'une œuvre au statut particulier, à la fois visuelle (film de cinéma) et littéraire.
• Vous pouvez organiser votre propos autour de ces trois points clés :
1. Un documentaire sur les camps (→ p. 6-7 et points d'étape 2, 3, 4, p. 30, 34 et 42)
Rappelez le contexte du tournage dans les camps de Pologne et la dimension explicative du film, chronologique et basé sur des images d'archives permettant de montrer le système concentrationnaire.

2. Un réquisitoire ancré dans le présent (→ Dossier fiche 1, p. 76-79 et point d'étape 1, p. 24)
Il s'agit ici d'insister sur la singularité de l'œuvre, qui implique et interpelle le spectateur par différents moyens artistiques : travellings en couleur, questions directement adressées à lui.
3. Un témoignage perturbant (→ Dossier fiche 2, p. 80-83 et point d'étape 1, p. 24)
Évoquez ici le contraste entre la voix neutre et la réalité terrible décrite.

3. PRÉSENTATION. Défendre votre choix

pour vous aider

• Mettez en avant deux ou trois raisons qui vous ont fait apprécier *Nuit et Brouillard*. Vous devez faire partager votre expérience de lecture lors de cette étape : n'hésitez pas à vous impliquer personnellement et à donner un ou deux exemples précis.
• Par exemple :
1. Des images terribles et marquantes (en choisissant un plan qui vous a touché·e)
2. Un commentaire inattendu, mêlant le constat, l'ironie et le silence
3. Une dénonciation de la violence collective, qui me semble toujours d'actualité

4. PRÉSENTATION/ENTRETIEN. Justifier le lien avec l'objet d'étude du programme, « La littérature d'idées »

pour vous aider

Pour justifier votre choix, vous pouvez également évoquer son lien avec l'objet d'étude du programme : soit à la fin de votre présentation, soit en réponse à une demande de l'examinateur lors de l'entretien. Pour rappel, la littérature d'idées est un genre vaste, qui recouvre des œuvres argumentatives visant à défendre une idée auprès du lecteur.

En quoi peut-on dire que *Nuit et Brouillard* appartient à la littérature d'idées ?

> 1. Une œuvre qui documente la violence des camps
Nuit et Brouillard vise à témoigner du fonctionnement des camps de concentration, à montrer les horreurs produites par ce système et à dénoncer des responsables, de Heinrich Himmler aux kapos anonymes en passant par l'industrie nazie comme IG Farben.

> 2. Une œuvre qui dénonce la permanence de la violence dans la société
Au-delà de sa dimension historique, l'œuvre d'Alain Resnais et de Jean Cayrol incite à une réflexion sur le temps présent ; c'est notamment le sens de la conclusion du film.

> 3. Une œuvre qui utilise l'ironie comme arme critique
L'ironie est un registre souvent utilisé dans la littérature d'idées ; elle introduit une distance par rapport au propos, qui invite le lecteur à s'interroger et à réfléchir. Dans *Nuit et Brouillard*, le registre ironique utilisé par le narrateur permet de montrer par contraste l'horreur de la situation.

5. ENTRETIEN. Lire un passage qui vous a marqué·e

pour vous aider

C'est une demande fréquente au cours de l'entretien.
Pour vous y préparer, relisez – avant le jour J – les passages sélectionnés dans votre carnet de lecture (→ p. 95). Entraînez-vous à en faire une lecture expressive à voix haute.

6. ENTRETIEN. Répondre à des demandes d'éclaircissements, de définitions

pour vous aider

Prenant appui sur votre présentation, l'examinateur peut vous demander d'éclaircir ou de préciser un point évoqué.
Vous devez notamment pouvoir définir les notions littéraires ou techniques auxquelles vous avez fait appel : en l'occurrence, ici, les trois termes clés « travelling », « réquisitoire », « ironie ».

LIRE UNE ŒUVRE
tenir un carnet de **lecture cursive**

Au cours de la seconde partie de l'épreuve orale du bac de français, vous devez présenter une œuvre que vous aurez lue en lecture cursive, en lien avec les œuvres du programme étudiées en classe. Cette lecture menée de manière autonome ne s'improvise pas.
Pour vous approprier l'œuvre, devenir acteur de votre lecture et préparer sa restitution orale, vous avez ainsi intérêt à tenir un carnet de lecture.

1 • Qu'est-ce qu'un carnet de lecture cursive ?

• Un carnet de lecture cursive peut être défini comme votre **journal intime de lecteur**. Vous le remplissez régulièrement, au fur et à mesure de votre lecture.

• Il peut prendre différentes formes : papier (cahier ou carnet) ou numérique. Dans le cas d'une forme papier, n'hésitez pas à en décorer la couverture ou à y glisser des images correspondant à l'univers du livre.

2 • Qu'écrit-on dans ce carnet ?

Vous devez organiser votre carnet en vous appuyant sur la structure de l'œuvre et votre avancement dans sa lecture.

• À chaque fois que vous remplissez votre carnet, indiquez, pour commencer, **la date du jour et le passage lu** (chapitres, scènes, poèmes...).

• Vous pouvez ensuite consigner brièvement **quelques éléments descriptifs** : que se passe-t-il ? quels personnages interviennent ? quel est le thème traité ? Ces éléments vous éviteront de relire toute l'œuvre quand vous devrez en préparer la présentation synthétique pour l'oral.

• Cependant, ce carnet doit surtout recueillir vos **impressions de lecture** :
– Quelles impressions et quelles réflexions ce passage suscite-t-il en moi ?
– À quelle autre œuvre (littéraire, cinématographique, etc.) me fait-il penser ?
– Quel lien me permet-il d'établir avec l'œuvre étudiée en classe ?

Ce sont ces impressions de lecture, enrichies au fil de votre lecture, qui vous permettront de faire une présentation personnelle de l'œuvre et de mettre en évidence les raisons de votre choix.

• **Quand un passage vous plaît** signalez-le avec un code (***). Recopiez en couleur une ou deux phrases qui vous semblent particulièrement frappantes (sans oublier les guillemets pour bien les repérer).

3 • Comment faire ?

3 conseils clés

1. Écrire régulièrement
• Déterminez un rythme de lecture et d'écriture et tenez-y vous.
• Plus vous serez régulier, plus il vous sera facile d'écrire.

2. Parler en son nom, se sentir libre
• Notez en toute liberté vos émotions de lecteur.
• Exprimez les sentiments positifs comme les impressions négatives.

3. Conserver une expression correcte
• Il faut que vous puissiez réexploiter vos notes lors de votre préparation finale.
• Dire ce que l'on pense ne signifie pas être familier.

Des exemples

EXEMPLE 1 : Racine, (1677), Acte V

La mort du personnage d'Hippolyte racontée par Théramène à l'Acte V, scène 1, m'a fortement impressionné. Le récit de Théramène ressemble à un vrai film d'horreur. Je ne m'attendais pas du tout à ce retournement de situation : je pensais que Thésée aurait finalement le temps de pardonner à son fils.

EXEMPLE 2 : Diderot, *Jacques le Fataliste et son maître* (1780), incipit

J'ai été dérouté par la première page du roman. D'habitude, l'auteur nous donne les renseignements nécessaires pour installer son histoire ; ici, il n'y a qu'une série de questions sans aucune réponse. L'auteur s'adresse directement à nous, de manière presque agressive. C'est déstabilisant mais cela donne envie de connaître la suite.

RÉUSSIR LA PRÉSENTATION de la **lecture cursive**

Pour bien présenter l'œuvre que vous aurez sélectionnée pour l'oral, vous devez l'avoir lue de manière active (voir la fiche précédente, p. 95-96). Il vous faut également prendre le temps – en amont du jour de l'oral – de récapituler les éléments clés de la présentation, selon les règles de l'épreuve, et d'anticiper l'entretien.

1 • Construire sa présentation

Quoique brève (environ 3 min.), cette présentation doit néanmoins comprendre trois étapes.

Étapes	Comment faire ?
1. Présenter l'auteur/ l'autrice et le contexte de publication	• Il s'agit d'introduire l'exposé à l'aide d'éléments contextuels significatifs. • N'oubliez pas de citer la date de parution de l'œuvre !
2. Exposer les caractéristiques clés de l'œuvre	Vous devez démontrer votre connaissance de l'œuvre en restant synthétique. • Dans le cas d'un roman ou d'une pièce de théâtre, résumez l'action, présentez les personnages clés. • Dans le cas d'un recueil de poésies, donnez des précisions sur la composition du recueil, le genre des poèmes. • Pour une œuvre de littérature d'idées, signalez la visée et les idées essentielles.
3. Défendre votre choix	Essayez de dégager les deux ou trois raisons pour lesquelles vous jugez cette œuvre intéressante : en elle-même et par rapport à l'œuvre au programme.

2 • Répondre aux questions de l'examinateur

Suit l'entretien qui constitue l'essentiel de l'épreuve (environ 5 min.). Prenant appui sur votre présentation, l'examinateur va vous interroger pour évaluer votre capacité à en préciser certains points et à étoffer votre réflexion.

Relance possible par l'examinateur	Comment y répondre ?
Quel lien pouvez-vous faire avec l'œuvre du programme étudiée en classe ?	Vous devez expliquer : • pourquoi il est possible de rapprocher la lecture cursive de l'œuvre au programme et/ou • pourquoi cette lecture cursive a sa place dans le parcours associé à l'œuvre au programme.
Un passage vous a-t-il particulièrement marqué·e ? Pour quelle raison ?	Vous devez pouvoir vous référer à un passage précis, et le lire de manière expressive afin de montrer votre goût pour l'œuvre. Accompagnez la lecture du passage d'un commentaire qui justifie votre choix. La lecture ne suffit pas !
Pouvez-vous définir ce terme « ... » que vous avez utilisé ?	Lors de votre préparation, vous devez anticiper ces questions sur des termes d'histoire ou d'analyse littéraire. Apprenez leur définition.

Lexique L'univers des camps

Action *Reinhard*

Organisation de l'élimination des Juifs du Gouvernement général de Pologne de juillet 1942 à novembre 1943. Cette opération fait environ 1,7 million de victimes dans quatre centres de mises à mort (Belzec, Sobibor, Treblinka, Majdanek), mais aussi dans les ghettos ou lors de massacres de masse perpétrés dans les forêts environnantes.

Auschwitz

Camp de concentration ouvert en 1940 pour les opposants polonais, il est aussi un centre de mise à mort pour les Juifs de Silésie. En 1942, il s'étend avec l'ouverture de Birkenau (Auschwitz II) où les Juifs de l'Europe occupée sont soit assassinés dès leur arrivée, soit envoyés au travail forcé lors de la sélection. Monowitz (Auschwitz III, ou Buna), usine d'IG Farben, ouvre la même année. Sur 1,1 million de Juifs déportés à Auschwitz, seuls 200 000 ont été affectés au travail, les autres ayant été assassinés dès leur arrivée.

Camps de concentration (*Konzentrationlager* ou KL)

Sites comportant des baraquements où sont internés, dès 1933, des opposants au régime nazi afin de les rééduquer par le travail. Sous le contrôle de SS, ils deviennent, à partir de 1938, un instrument de répression contre les étrangers puis les résistants. 1,7 million de déportés ont été envoyés vers les KL et un tiers d'entre eux y sont morts du travail forcé, de la brutalité des gardiens et d'épuisement.

Centres de mise à mort

Longtemps appelés « camps d'extermination », ce sont des sites dévoués à l'assassinat des déportés raciaux par fusillade ou gazage. Ils sont réduits à peu de structures : bâtiments pour les gardes, entrepôts, fosses pour les victimes et parfois chambres à gaz. Six centres de mise à mort fonctionnent avant la conférence de Wannsee (20 janvier 1942). C'est sa finalité, et non les techniques d'assassinat utilisées, qui définit un centre de mise à mort.

Chambre à gaz

Désigne différents procédés d'assassinat par asphyxie : camion à gaz (Chelmno), chambres à gaz fonctionnant au gaz d'échappement ou au Zyklon B (Auschwitz). Certains camps de concentration s'en dotent pour éliminer les détenus inaptes au travail. Environ 2,7 millions de Juifs ont été assassinés par gazage sur les 6 millions de victimes juives.

Conférence de Wannsee

Réunion du 20 janvier 1942 dans la banlieue de Berlin entre différents représentants des administrations nazies. Elle fixe pour objectif la destruction de 11 millions de Juifs à l'échelle du continent européen et sa coordination par Reinhard Heydrich.

Déportation

Politique nazie de transferts d'individus hors de leur territoire d'origine. Les déportés sont acheminés par train à destination des camps de concentration ou des centres de mise à mort. Les convois partis de France emportaient en général 1 000 personnes, ceux de Varsovie vers Treblinka, proche, pouvaient transporter 7 000 personnes.

Einsatzgruppen

Groupes d'intervention qui liquident, lors de l'invasion de l'URSS à partir de juin 1941, des fonctionnaires soviétiques et des Juifs. D'autres groupes mobiles de tueries continuent les massacres même après l'ouverture des centres de mise à mort. Ils sont à l'origine de la mort de 2 millions de Juifs.

Espace vital (*Lebensraum*)

Théorie apparue à la fin du XIXe siècle en Allemagne et reprise par le régime nazi. Elle exprime la nécessité pour ce pays de conquérir un espace colonial pour la survie de sa population. Cet espace est localisé à l'Est (pays baltes, Pologne, Ukraine, Biélorussie et Russie).

Four crématoire

Four où sont incinérés les cadavres des détenus morts dans les camps de concentration. Dans le langage SS, le « Krematorium » désigne des chambres à gaz couplées avec des incinérateurs construits à Birkenau en 1943. Dans les autres centres de mise à mort, les cadavres sont enfouis puis exhumés et brûlés sur des bûchers pour effacer les traces.

Génocide

Un génocide est un acte « commis dans l'intention de détruire, ou tout ou en partie, un groupe national, ethnique, racial ou religieux » (ONU). Il est donc dirigé intentionnellement contre un groupe. C'est un concept juridique élaboré en 1944 par Raphael Lemkin et reconnu par l'ONU en 1948.

Ghetto

Quartier d'une ville, isolé de la population par un mur de séparation ou des barbelés, et dans lequel les nazis obligent les Juifs à se regrouper. Ils sont considérés comme une étape temporaire de la « solution finale » à l'est de l'Europe.

Négationnisme

Idéologie qui nie la réalité de la Shoah. Apparue à la fin des années 1940, elle défend l'idée d'un « complot juif » qui aurait pour but d'obtenir des réparations financières et un État. Cette théorie, longtemps confidentielle, est représentée en France à la fin des années 1970 par Robert Faurisson. Elle y devient un délit en 1990 (loi Gayssot).

Opération *T4*

Politique d'épuration de la race aryenne par l'assassinat de certaines catégories de malades dans six cliniques situées en Allemagne et transformées en centre de mise à mort. Cette opération à visée eugéniste (qui a pour but « d'améliorer la race aryenne ») fait environ 150 000 victimes pendant toute la Seconde Guerre mondiale.

Pogrom

Mot signifiant « destruction » en russe. C'est une vague de violences antisémites, à l'origine commises en Russie à la fin du XIXe siècle, que le régime nazi organise à partir du 9 novembre 1938 lors de la Nuit de cristal. Ils se poursuivent après la guerre, notamment en Pologne en 1945.

Rafle

Arrestation de Juifs dans l'Europe de l'Ouest occupée où les Juifs n'ont pas été regroupés dans des ghettos. Les rafles sont en général organisées par les administrations, les forces de police et les milices qui collaborent avec l'occupant nazi.

Shoah

Terme popularisé par le film de Claude Lanzmann sorti en 1985, il désigne en hébreu une « catastrophe ». Il est utilisé dès la Seconde Guerre mondiale par les Juifs de Palestine pour désigner le massacre de leur communauté en Pologne, puis par quelques historiens avant de s'imposer dans les années 1990 en France.

Solution finale

Terme utilisé dans la langue des nazis pour désigner l'assassinat des Juifs d'Europe. C'est un langage codé puisque le but est de masquer la réalité des crimes nazis.

Sonderkommando

« Unité spéciale » de détenus juifs utilisés à Auschwitz-Birkenau pour vider les chambres à gaz, collecter les vêtements et les biens des Juifs assassinés (cheveux, dents en or). Les membres de ces unités sont régulièrement assassinés. Ailleurs, le terme désigne des unités spéciales chargées d'autres fonctions, comme celles des SS qui gèrent les sites de Belzec, Sobibor et Treblinka.

Tsiganes (ou Roms)

Population nomade originaire du nord de l'Inde arrivée en Europe de l'Est au Moyen Âge. Les Tsiganes installés dans les régions germanophones sont considérés par les nazis comme des populations aryennes « corrompues par des mélanges raciaux » ayant fait d'eux des voleurs, mendiants ou espions donc des « asociaux ». 30 000 Tsiganes sur les 35 000 que comptait le Reich sont déportés vers des ghettos puis des centres de mise à mort ou au camp d'Auschwitz-Birkenau. Au total, 150 000 à 200 000 Tsiganes de toute l'Europe ont été victimes des violences nazies. Les termes de Samudaripen ou Porajmos sont utilisés pour désigner spécifiquement le génocide des Tsiganes.

Bibliographie

Outre les œuvres dont des extraits sont proposés dans le parcours, vous pouvez consulter les livres et films suivants.

• Littérature des camps et témoignages

L'Espèce humaine et autres écrits des camps (anthologie), Paris, Gallimard, coll. « Pléiade », 2021.
LORIDAN-IVENS Marceline, *Et tu n'es pas revenu*, Paris, Le Livre de Poche, 2016.
NADJARY Marcel, *Sonderkommando. Birkenau 1944 – Thessalonique 1947*, coédition Éditions Artulis/Signes et Balises, 2023.
RAJCHMAN Chil, *Je suis le dernier juif. Treblinka 1942-1943*, Paris, Le Livre de poche, 2011.
SCHWARTZ-BART André, *Le Dernier des justes*, Paris, Points Seuil, 1996 [1959].
VEIL Simone et TEBOUL David, *L'Aube à Birkenau*, Paris, Pocket, 2021.

• Bandes dessinées

BRAVO Émile, *Spirou, L'espoir malgré tout*, Dupuis, 2021.
SPIEGELMAN Art, *Maus (L'Intégrale)*, Paris, Flammarion, 1998.

• Films de fiction

La Liste de Schindler, de Steven Spielberg, 1993.
La Vie est belle, de Roberto Benigni, 1997.
Le Pianiste, de Roman Polanski, 2002.
Le Fils de Saul, de László Nemes, 2015.
La Zone d'intérêt, de Jonathan Glazer, 2024.

• Essais sur les témoins et la littérature des camps

COQUIO Catherine, *La Littérature en suspens. Écritures de la Shoah : le témoignage et les œuvres*, Paris, L'Arachnéen, 2015.
DECOUT Maxime, *Faire trace. Les Écritures de la Shoah*, Paris, Éditions Corti, 2023.
EPSTEIN Helen, *Le traumatisme en héritage,* Paris, Gallimard, Folio Essais, 2012.
WIEVIORKA Annette, *L'Ère du témoin*, Paris, Hachette, coll. Pluriel, 2002.

• Sur le cinéma et les images de la Shoah

BRUTTMANN Tal, HÖRDLER Stefan, KREUTZMÜLLER Christof, *Un album d'Auschwitz. Comment les nazis ont photographié leurs crimes*, Paris, Seuil, 2023.
DIDI-HUBERMAN, Georges, *Images malgré tout*, Paris, Éditions de Minuit, 2003.
LINDEPERG Sylvie, *Nuit et Brouillard : un film dans l'histoire*, Paris, Odile Jacob, 2007.

• Histoire du nazisme et de la Shoah

Auschwitz, la solution finale, Les collections de L'Histoire n° 3, 1998.
Hitler, le nazisme et les Allemands, Les collections de L'Histoire n° 28, 2003.
BENSOUSSAN Georges, *Atlas de la Shoah*, Paris, Autrement, 2021.
BRUTTMANN Tal, *Auschwitz*, Paris, La Découverte, 2015.
BRUTTMANN Tal, TARRICONE Christophe, *Les 100 mots de la Shoah*, Paris, PUF, Que sais-je ?, 2020.
CHAPOUTOT Johann, *Le nazisme, une idéologie en actes*, Paris, La Documentation photographique n° 8085, 2012.

• Réflexions sur la violence

ARENDT Hannah, *Du mensonge à la violence*, Paris, Le Livre de Poche, 2020 [1972].
FOESSEL Michaël et NEIMAN Susan, « L'origine du mal », *Philosophie Magazine* n° 175, décembre 2023-janvier 2024.

FICHES
SUJETS DE BAC
LECTURE CURSIVE
OUTILS

Table des crédits

Les illustrations

couverture ph © Tallandier / Bridgeman Images • **rabat I-haut** Collection Christophel • **rabat I-bas** © 1955 Argos Films. Source image: capture d'écran du film • **rabat II-haut** Coll. National Archives, Washington (208-AA-206K-31) • **rabat II-bas** © 1955 Argos Films. Source image: capture d'écran du film • **rabat III-haut** ph © Tallandier / Bridgeman Images • **rabat III-bas** ph © Everett Collection / Aurimages • **rabat IV** © Éditions Albin Michel • **rabat V-haut** © Claude Lanzmann - LES FILMS ALEPH • **rabat V-bas** © Adagp, Paris, 2024 – ph © Jean-Pierre Rey / Gamma-Rapho • **p. 7** Collection Christophel • **p. 8** Alain Resnais photographié à Paris le 19 septembre 1963. Ph © Bridgeman Images • **p. 9** Jean Cayrol vers 1958. ph © René Saint-Paul / Bridgeman Images • **p. 11** ph © Tallandier / Bridgeman Images • **p. 14** ph © François Guénet / akg-images • **p. 16** © Éditions Odile Jacob • **p. 23** © 1955 Argos Films. Source image: capture d'écran du film • **p. 29** Coll. National Archives, Washington (208-AA-206K-31) • **p. 33** © 1955 Argos Films. Source image: capture d'écran du film • **p. 41** ph © Tallandier / Bridgeman Images • **p. 77** © Cineriz / Vides Cinematografica – Collection Christophel • **p. 85** Coll. musée national Auschwitz-Birkenau • **p. 87** © Claude Lanzmann - LES FILMS ALEPH • **p. 2, 19, 43, 75 à 92** ph © alessandro0770 / iStockphoto

Les textes

p. 46 David Rousset, *L'Univers concentrationnaire* © 1946 by Les Éditions de Minuit • **p. 48** Charlotte Delbo, *Aucun de nous ne reviendra. Auschwitz et après I* © 1970-2018 by Les Éditions de Minuit • **p. 51** Primo Levi, *Si c'est un homme* – titre original: *Se questo è un uomo* © Giulio Einaudi Editore S.p.A., Turin, 1958, 1976. Traduction française: Éditions Julliard, Paris, 1987, 1994; Éditions Robert Laffont, S.A., Paris, 1996, 2017 • **p. 55** Élie Wiesel, *La Nuit* © 1958-2007 by Les Éditions de Minuit • **p. 58** Jorge Semprún, *L'Écriture ou la Vie* © Éditions Gallimard • **p. 61** Hélène Gaudy, *Une île, une forteresse. Sur Terezín* © Inculte 2016 • **p. 65** Robert Antelme, *L'Espèce humaine* © Éditions Gallimard • **p. 67** Frédéric Gros, *Désobéir* © Albin Michel • **p. 70** Johann Chapoutot, *La Révolution culturelle nazie* © Éditions Gallimard

Conception graphique de la maquette Studio Favre & Lhaïk; pour la partie texte: c-album, Jean-Baptiste Taisne et Rachel Pfleger; Mise en pages: Eiffel publishing Ltd • Prépresse: Clarisse Mourain • Iconographie : Hatier Illustrations • Suivi éditorial: Aude Marot

Achevé d'imprimer en Espagne par Black Print
Dépôt légal 10544-7/01 - Mars 2024

PAPIER CERTIFIÉ

Hatier s'engage pour l'environnement en réduisant l'empreinte carbone de ses livres. Celle de cet exemplaire est de :
250 g éq. CO_2
Rendez-vous sur www.hatier-durable.fr